T'AS PAS un truc POUR...

+ de 300 trucs et astuces revus par des pros

L'auteure remercie tous les professionnels pour leur très aimable collaboration et les précieux conseils qui ont enrichi ce guide :

Josiane Anne, responsable du Comptoir colonial ; épicerie fine, rue Lepic, à Paris ;
Pauline Bertrand, caviste aux Caves Augé, à Paris ;
Carole Benoit, enseignante en agronomie à l'École d'horticulture et de paysage à Roville-aux-Chêne ;
Adrien Bey, menuisier à Metz ;
Marie Bocquet, fromagère, rue des Abbesses à Paris ;
Charles Bourg, disquaire à Paris ;
Jeanne Campagne, journaliste culinaire ;
André Chevillard, sapeur-pompier à Saint-Étienne ;
Colette Claude, bijoutière à Épinal ;
Dr Anny Cohen-Letessier, dermatologue ;
Romain Dupuis, jardinier à Rennes ;
Elise Julien, décoratrice d'intérieur à Toulouse ;
Farid Kaabeche, réparateur portables chez @in.phone à Bourg-en-Bresse ;
Claude Layrac, peintre à Orléans ;
Dr Jean-Pierre Lecerf, médecin généraliste ;
Martin Louis, carrossier à Lyon ;
Pascale Marigomez, infirmière ;
Paulette Marin, conseillère en économie sociale et familiale à Strasbourg ;
Pauline Ménard, opticienne à Paris, chez Optique 2000 ;
Bertrand de Metz-Noblat, antiquaire à Nancy ;
Laura Ozier, chef maquilleuse pour le cinéma à Paris ;
Thierry Racoillet, boulangerie-pâtisserie Coquelicot à Paris ;
M. Raouf, primeur, Les Jardins de Montmartre à Paris ;
Jacqueline Roland, formatrice pour aides-ménagères à Valence ;
Caroline Rubio, coiffeuse à Saint-Victor de Buthon ;
Dr Michael Sebbag, dentiste ;
Hervé This, chimiste ;
Anita Valladon, fleuriste, rue Lepic, à Paris ;
Ange Zola, professeur à l'Isipca, Institut Supérieur International du Parfum de la Cosmétique et de l'Aromatique Alimentaire à Versailles.

L'éditeur tient à remercier :

La revue du Vin de France et tout particulièrement **Pierre Casamayor** pour son Guide des millésimes, édition 2011.

Les lecteurs de *Notre temps* qui nous ont transmis le meilleur de leurs astuces.

Alexandra Fabre pour son aide précieuse.

18, rue Barbès, 92128 Montrouge Cedex
ISBN : 978-2-227-48319-4
Dépôt légal : octobre 2011
Imprimé en Italie, par Rotolito Lombarda

NATALIE BERTRAND
Illustrations de NANCY PEÑA

T'AS PAS truc POUR...

+ de 300 trucs et astuces revus par des pros

bayard
les indispensables Notre temps

Sommaire

Cuisine

Maison et garage

Mobilier et équipement

Vêtements et accessoires

Voiture

Les produits indispensables

Plantes, jardin

À l'intérieur

Au jardin

Santé

Beauté

Index

Embaumer Rattraper Remplacer
Entretenir Conserver Ruser
Rafraîchir Embaumer

Embaumer Rattraper Remplacer Entretenir Conserver Ruser Rafraîchir Embaumer

Cuisine

Des produits tout frais, une bonne odeur dans la cuisine, des ustensiles bien entretenus, des boissons servies frappées à point… Avec nos astuces, tout devient plus facile. Surtout quand nos experts vous dévoilent leurs petits trucs pour réussir une recette… ou pour rattraper une préparation ratée !

Conserver

Moutarde onctueuse

Entamée, la moutarde a tendance à se dessécher, surtout si vous n'en consommez pas tous les jours. Avant de fermer le couvercle de son bocal, recouvrez-la d'une tranche de citron. Si elle est déjà sèche, versez quelques gouttes de pastis dans le pot et remuez bien. La moutarde retrouvera toute son onctuosité.

Gâteaux bien au sec

Votre recette de petits sablés est formidable, mais vous craignez que ceux qui n'ont pas été dévorés au sortir du four perdent de leur craquant… ? Ce ne sera pas le cas si vous les conservez dans une boîte en fer, avec un morceau de sucre qui absorbera l'humidité. Si vous n'avez pas suivi ce conseil ou si vous avez acheté un étui de gâteaux secs légèrement ramollis, passez-les quelques secondes au micro-ondes, ils retrouveront leur croustillant.

Sucre en poudre fluide

Dans une maison humide, les placards ne sont pas toujours assez secs et le sucre en poudre a tendance à s'agglomérer. Pour lui rendre sa fluidité, placez dans le sucrier un morceau de papier buvard (à changer régulièrement).

Parole de pro

Notre pain quotidien

Thierry Racoillet, boulanger pâtissier

« Un bon pain peut se conserver plusieurs jours, à condition de l'emballer dans un torchon et de le laisser dans un endroit tempéré. S'il commence à rassir, passez-le rapidement sous l'eau du robinet et enfournez-le quelques minutes à four doux. Si vous voulez le garder un ou deux jours de plus, vous pouvez le laisser dans votre réfrigérateur. Le congélateur est à éviter car il « casse » le pain. Mais si vous devez le faire, prenez du pain très frais et laissez-le dans son papier d'emballage. Vous le décongèlerez à température ambiante et, éventuellement, le passerez quelques minutes au four pour lui rendre son croustillant. »

Petits potages individuels

Comment profiter des bienfaits d'une bonne soupe maison, préparée généralement en quantité familiale, quand on vit seul ? En la conservant astucieusement. Préparez votre potage et, lorsqu'il est encore bien chaud, versez-le dans des pots de confiture que vous fermerez aussitôt. Au bout d'un certain temps, on entend le « Pfutt » ! du vide d'air. Laissez refroidir avant de les mettre au réfrigérateur. Chaque pot garde son goût de frais et vous pourrez faire un plein quotidien de vitamines… et ce pendant au moins quinze jours.

Parole de pro

De l'air !

Marie Bocquet, fromagère

« Les fromages, c'est comme vous et moi… il faut qu'ils respirent. La meilleure solution, c'est de trouver une cloche en verre et d'y percer un petit trou qui laissera circuler l'air, ou une cloche grillagée. Ensuite, placez-les au réfrigérateur, qui leur convient parfaitement puisqu'ils se conservent entre 6 et 10° C. Mais prenez soin de les emballer individuellement, avec le papier fourni par votre fromager : sa face lisse est étudiée pour éviter le dessèchement. À défaut, utilisez du film alimentaire, mais sachez qu'il a pour effet de renforcer le goût. Ce peut être un atout pour un fromage doux, mais pas forcément pour un fort. »

Conserver

Ne dépassez pas les limites !

Avant de ranger dans vos placards une boîte de conserve, un médicament ou toute autre marchandise périssable, inscrivez avec un gros feutre la date de péremption, souvent difficile à lire. Par la suite, il vous suffira d'un simple coup d'œil – sans même avoir à chausser vos lunettes – pour savoir ce qu'il est urgent de consommer.

Laitue revigorée

La petite salade verte que vous aviez prévue pour accompagner votre assiette anglaise semble toute déprimée ? Rafraîchissez-la ! Baignez-la quelques instants dans de l'eau chaude, puis rincez-la à l'eau froide. Elle sortira de son traitement toute revigorée.

+ *M. Raouf, primeur*

« Une laitue, comme la plupart des salades vertes, se conserve très bien jusqu'à 5 ou 6 jours à condition de la garder humide, au réfrigérateur, sans l'éplucher et dans un endroit où elle ne soit pas trop serrée. Aspergez-la de gouttelettes d'eau et renouvelez l'opération autant de fois que nécessaire. »

Fines herbes : que le vert dure !

Persil, estragon, ciboulette, basilic… Les herbes vertes sont incontournables pour relever la plupart de nos plats et apporter le plein de vitamines. Mais, une fois coupées, elles jaunissent vite… Trempées dans un verre d'eau, comme un bouquet que vous poserez à l'abri de la lumière, vous les conserverez deux ou trois jours. Mais, si vous voulez prolonger encore leur durée de vie, enveloppez-les sitôt cueillies (ou sitôt achetées…) dans une feuille de papier journal que vous aurez humectée et entreposez-les dans le bac à légumes de votre réfrigérateur. Si le papier devient sec, aspergez-le à nouveau.

Du laurier toute l'année

Maintenez les feuilles de laurier aussi fraîches que si elles venaient d'être cueillies en les enveloppant dans un film étirable. Puis conservez-les dans le compartiment à légumes de votre réfrigérateur.

Bain de noix

Quelques noix posées sur un plateau de fromages, et votre dîner prend un air de fête. Mais, au fil du temps, les cerneaux les plus dodus ont tendance à se ratatiner. Donnez-leur un véritable bain de jouvence en faisant tremper les noix dans un grand récipient d'eau salée durant une semaine, puis laissez-les bien sécher.

Carottes croquantes

Mettez des bouchons de liège dans le sac de vos carottes : le liège absorbe l'humidité et les carottes restent fermes.

+

M.Raouf, primeur

« Les carottes craignent surtout la lumière. Gardez-les dans le bac à légumes de votre réfrigérateur, mais en les laissant dans leur papier d'emballage, qui les protégera. »

Pommes de terre sous bonne garde

Si vous disposez d'une cave, vous savez qu'il suffit d'y entreposer vos pommes de terre sans qu'elles germent ni ne se rident. Sinon, il vous faut trouver un placard ou tout autre endroit qui soit aéré, à l'abri de la lumière et frais sans être froid… ce qui n'est pas toujours évident dans un appartement. Si vous ajoutez une pomme (fruit) à votre sac de tubercules, elles se conserveront parfaitement.

Conserver

En toute fraîcheur !

M. Raouf, primeur

« Conservez les feuilles des choux-fleurs jusqu'au moment de leur consommation : elles protègent les fleurs et les empêchent de s'épanouir trop vite.
Au contraire, pour garder vos radis plus longtemps, coupez leurs fanes… En effet, pour rester croquants, les radis ont besoin de beaucoup d'eau, et les feuilles pompent sur leurs réserves. S'ils sont déjà un peu ramollis, baignez-les pendant au moins une heure dans un récipient d'eau fraîche que vous renouvellerez deux fois.
Quant aux asperges, elles peuvent se garder pratiquement une semaine si vous prenez soin d'humidifier un torchon pour emballer leurs tiges – mais surtout pas leurs pointes – avant de les entreposer au réfrigérateur. »

Avocat à point

Pour s'assurer qu'un avocat est mûr à point, il faut appuyer sur la base du pédoncule, qui doit être souple. Si le fruit est trop dur, vous le ferez mûrir plus rapidement en l'enveloppant dans du papier journal ou un linge épais, et en le laissant à température ambiante.

M. Raouf, primeur

« Vous pouvez également les laisser dans votre coupe de fruits, à côté des bananes. Par un phénomène que je ne saurais vous expliquer, l'avocat murira plus vite… mais pas les bananes ! »

Jeunes et jolies poivrades

Les petites poivrades se conservent plusieurs jours, comme un joli bouquet, leur tige dans un vase empli d'eau.

Faites systématiquement décanter le vin !

Parole de pro

Pauline Bertrand, caviste

« Il n'y a pas que les grands crus qui méritent qu'on les déguste avec égard. N'importe quel vin sera bien meilleur si l'on respecte certaines consignes, très faciles à suivre. D'abord, il faut ouvrir sa bouteille au moins une heure avant de le consommer (voire cinq, s'il s'agit d'un grand vin). Ensuite, il faut la verser dans une carafe à décanter. Si vous n'en avez pas, utilisez une cruche au corps renflé et au col étroit. »

Embaumer

Le bon goût des frites… sans l'odeur

De vraies frites maison, c'est toujours oui ! Mais l'odeur de frites dans la maison, c'est non... Pour (vous) faire plaisir sans empester, avant de mettre la friteuse en marche, faites bouillir quelques clous de girofle dans une casserole et laissez bouillir jusqu'à un quart d'heure après l'arrêt de la friteuse. Mettez quelques fleurs de badiane (anis étoilé) ou de la cannelle, selon vos goûts et ce que vous avez dans votre placard, c'est tout aussi efficace...

Huuum, du chou !

Ajouter un croûton de pain ou un peu de lait dans l'eau de cuisson de certains légumes (chou, chou-fleur, poireau…) suffit souvent pour combattre leur odeur.

Hervé This, chimiste

« Nous en avons fait l'expérience et n'avons constaté aucun effet. En revanche, mettre dans l'eau de l'huile en quantité suffisante pour freiner les odeurs est efficace. Mais les bons chefs ont besoin des odeurs pour bien estimer le degré de cuisson… »

Fromages intègres

Dans une boîte fermée, certains fromages à odeur très forte dénaturent le goût des plus doux. Pour éviter cet inconvénient, collez avec un ruban adhésif une branche de thym à l'intérieur du couvercle.

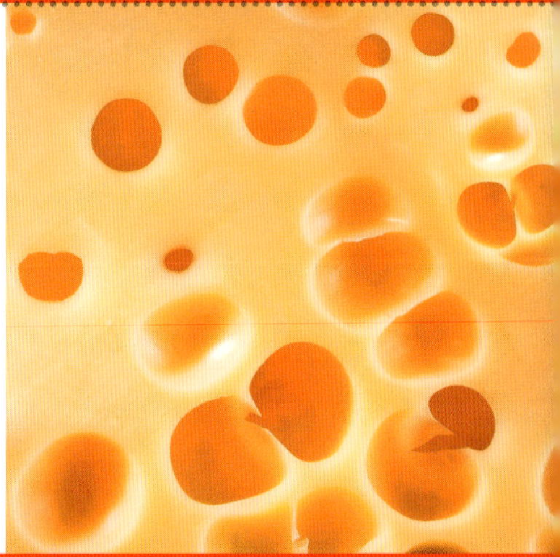

Neutralisateur naturel

Donnez un coup de fraîcheur à votre réfrigérateur en y plaçant une petite coupelle de lait, qui neutralisera les odeurs. N'oubliez pas de la remplacer régulièrement.

Josiane Anne, épicerie et produits exotiques

« Je me contente de poser un clou de girofle sur la plaque électrique quand elle est encore chaude. Ça suffit pour donner une bonne odeur. »

Bouillon de senteurs

Contre des odeurs tenaces, utilisez les grands moyens et préparez un véritable bouillon de senteurs. Versez un peu d'eau au fond d'une cocotte-minute et ajoutez des aromates (vanille, écorces d'orange ou de citron, cannelle, clou de girofle...). Faites chauffer et laissez la vapeur embaumer votre maison.

Ail : on reste discret !

Si vous remarquez dans votre poêle que l'odeur d'ail persiste, frottez-en le fond avec quelques feuilles de menthe fraîche. Bon à savoir aussi : des feuilles de menthe fraîche mâchées vous permettront aussi de venir à bout d'une haleine un peu... aillée !

Encore du lait...

Quand vous préparez du poisson, faites bouillir du lait tout doucement dans une casserole à fond large ou, mieux, dans une petite poêle.

Entretenir

Coquillage anticalcaire

Pour éviter le dépôt de calcaire sur la résistance et les parois de votre bouilloire, il suffit d'y laisser en permanence un coquillage bien nettoyé. Il attirera tout le calcaire. Si vous vivez loin de la mer, vous pouvez vous adresser à votre poissonnier, qui se fera un plaisir de vous en offrir un. À moins que vous ne préfériez gruger quelques huîtres… Une de leurs coquilles, bien décapée, fera parfaitement l'affaire.

Revêtement antitaches

Le lait laisse souvent dans le fond des casseroles des taches difficiles à nettoyer. Agissez en prévention : avant de verser le lait, remplissez votre casserole d'eau froide puis videz-la, sans la sécher. Procédez ensuite comme à votre habitude, le lait n'attachera plus au fond. Dans le même ordre d'idées, avant de battre vos œufs en omelette, rincez à l'eau froide le bol prévu pour l'opération et ne le séchez pas. Votre préparation ne laissera aucune trace dans votre bol.

Mixeur nettoyeur

Ne vous donnez pas la peine de récurer votre bol de mixeur ni ses accessoires… il le fera pour vous. Remplissez-le à moitié d'eau, ajoutez quelques gouttes de liquide vaisselle et mettez en route tout doucement. Il ne vous reste plus qu'à rincer.

Évier étincelant

Le marc de café est très efficace pour récurer : frottez-en les parois de votre évier avec les mains. Puis laissez le marc s'écouler avec de l'eau courante : il ne bouchera pas vos canalisations et contribuera même à les nettoyer en entraînant les graisses avec lui.

Micro-ondes éclatant

Offrez à votre four à micro-ondes un coup d'éclat. Posez dedans un bol d'eau avec quelques gouttes de citron, et faites chauffer 3 minutes, puissance maximale. La vapeur dégagée nettoie parfaitement les parois de l'appareil. Retirez le bol – attention de ne pas vous brûler –, passez un petit coup d'éponge, puis essuyez.

Jeanne Campagne, journaliste culinaire

« C'est une méthode très efficace grâce à la vapeur d'eau qui décolle la graisse. Mais, à dire vrai, le citron n'est pas nécessaire… sauf pour donner une bonne odeur. »

(voir aussi Bicarbonate et Vinaigre blanc, pages 68 à 71)

Casserole lustrée

Ouf ! En y faisant bouillir un peu d'eau javellisée, vous avez réussi à décaper votre casserole carbonisée par une sauce oubliée… Seulement voilà… Depuis, elle attache ! Pour lui redonner ses vertus d'antan, frottez-la avec une poignée de feuilles d'oseille.

Couteau dérouillé

Un couteau non oxydé, c'est facile à aiguiser, mais, pour peu que vous oubliiez de l'essuyer immédiatement après lavage, sa lame rouille facilement. Si votre tampon à récurer déclare forfait, frottez-la avec un oignon coupé en deux et saupoudré de sucre.

Rafraîchir

Glaçons longue durée

Quand il fait chaud, on a envie de boire bien glacé. Mais quand il fait chaud, précisément, les glaçons fondent vite… La solution ? Prolonger leur durée de vie. Mettez-les dans une coupelle que vous recouvrirez d'eau gazeuse. Vous les garderez plus longtemps qu'à température ambiante.

Froid devant !

De même que les bonnes maisons font chauffer les assiettes (à four doux) avant d'y servir un plat… chaud, vous pouvez les rafraîchir pour présenter vos glaces et autres préparations glacées. Placez-les simplement dans votre réfrigérateur (pendant au moins une demi-heure) et vos invités pourront prendre leur temps pour déguster vos desserts bien frappés.

Fraîcheur à emporter

Ne jetez pas vos briques vides équipées de bouchons à vis (type jus de fruits). Rincez-les et remplissez-les d'eau aux trois quarts. Congelez-les et glissez-les dans votre glacière avant de partir en pique-nique.

Œufs gelés

Dimanche, les invités s'annoncent nombreux et la météo est au beau fixe… Chic, vous pourrez dîner dehors ! Oups, vous risquez de manquer de glaçons ! Prenez une boîte à œufs en plastique, ouvrez-la, remplissez ses cavités d'eau et faites congeler. Vous obtiendrez des glaçons de secours… gros comme des œufs.

Rafraîchir

Vite… des bulles !

Un heureux évènement à fêter et pas de champagne au frais ? Mettez du sel avec les glaçons dans le seau à glace avant d'y plonger votre bouteille… vous rattraperez le temps perdu.

Hervé This, chimiste
« Effectivement, grâce au sel, la température atteinte par la glace sera encore plus basse et le vin se rafraîchira plus vite. »

Cubes de cristal

Avant congélation, si, à l'eau du robinet, vous ajoutez 2 à 3 cuillerées à soupe d'eau gazeuse dans votre bac à glaçons, ils se détacheront plus facilement. Et, si vous voulez qu'ils soient bien brillants et transparents, préparez-les avec de l'eau de source.

Rattraper...

... une crème anglaise

Si votre crème comporte des grumeaux, versez-la dans une bouteille, bouchez et agitez vigoureusement, puis remettez sur le feu.

...un plat trop salé

Aïe ! Vous avez trop salé votre plat ! Déposez au fond de la casserole une pomme de terre crue et pelée, qui absorbera une partie du sel.

...une mayonnaise

Jeanne Campagne, journaliste culinaire

« Si votre mayonnaise ne monte pas, ne vous obstinez pas. Recommencez de zéro... mais sans rien perdre ! Prenez un autre récipient, placez-y un jaune d'œuf et battez-le en incorporant tout doucement la préparation ratée, comme s'il s'agissait d'huile. Une fois rattrapée, terminez votre mayonnaise comme de coutume. »

...une sauce salade trop vinaigrée

Vous venez de préparer la sauce pour votre salade et elle est trop vinaigrée ? Prenez un morceau de mie de pain et laissez-la tremper quelques minutes. Ensuite, retirez-la et rajoutez un peu d'huile.

Remplacer...

... une essoreuse à salade

La maison de vacances n'est pas équipée d'essoreuse à salade, mais vous voulez savourer la petite laitue toute fraîche achetée au marché ? Facile. Une fois lavée, placez les feuilles au milieu d'un torchon propre, rassemblez les coins dans votre main et secouez énergiquement de haut en bas. Et, pour que l'eau n'éclabousse pas le sol de votre cuisine, opérez face à votre douche ou... dehors.

... un gant à huîtres

Pour éviter de vous blesser en ouvrant des huîtres, confectionnez ce gant de protection : découpez dans un morceau de chambre à air un rond de 6 cm de diamètre, puis percez un trou vous permettant de passer le pouce. Enfilez-le comme un gant sans doigt !

... une ficelle à bouquet garni

Le bouquet garni que vous avez préparé ne reste pas toujours sagement lié à sa ficelle. Si vous enfermez thym, laurier et autres plantes aromatiques dans une boule à thé, il embaumera votre bouillon ou votre sauce sans s'éparpiller.

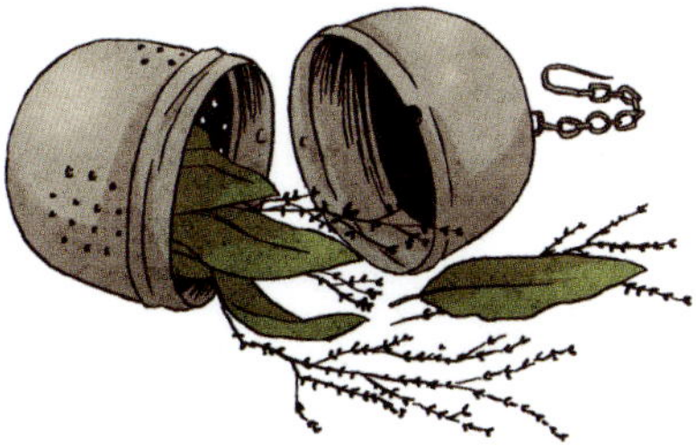

Remplacer...

... un coquetier

En l'absence de coquetier, coupez une rondelle de baguette de pain, creusez-la. Au centre, posez votre œuf à la coque. Il tient parfaitement et, si un peu d'œuf déborde pendant que vous mangez, il tombera sur le pain, que vous pourrez ensuite déguster. Simple et économique !

...un hachoir à persil

Hachez finement votre persil et autres plantes aromatiques sans effort, grâce à un simple verre (environ 7 cm de diamètre et 10 cm de hauteur). Placez l'herbe équeutée (et éventuellement lavée et séchée) dans le verre, plongez les lames de vos ciseaux de cuisine et actionnez-les rapidement.

… un dénoyauteur

Pas facile de dénoyauter des olives sans… dénoyauteur. Qu'à cela ne tienne ! Prenez un petit entonnoir, de préférence en métal. Retournez-le, posez l'olive sur le tube et tournez doucement. Le noyau tombe et il vous reste dans la main une olive parfaitement dénoyautée.

… un thermomètre à four

Vous voulez vérifier la température de votre four mais vous n'avez pas de thermomètre adapté ? Prenez un morceau de papier blanc et placez-le dans le four : si le papier jaunit, votre four est moyen ; s'il devient ocre, votre four est chaud ; et s'il noircit, votre four est très chaud.

… un ouvre-bocal

Agaçant, non, le bocal de cornichons qui, malgré tous vos efforts, reste obstinément fermé ? Tapez le bord du couvercle avec le manche d'un couvert (cuillère, fourchette, couteau…) et il s'ouvrira.

… un réfrigérateur

Votre réfrigérateur tombe en panne ? Pas de panique ! Emballez votre beurre dans un linge propre humidifié d'eau légèrement vinaigrée : il se gardera quelques jours. Quant aux œufs, stockez-les pointe en bas, emballés individuellement dans du papier journal.

Ruser

Ces petits gestes qui changent tout

Parole de pro

Jeanne Campagne, journaliste culinaire

Pour cette créatrice de recettes, si l'on respecte les aliments et leur mode de cuisson, le produit le plus ordinaire donnera le meilleur de lui-même et deviendra succulent. Révélations.

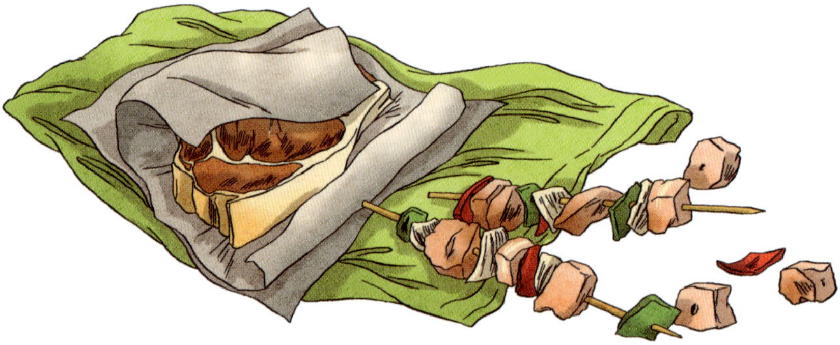

Viandes

« Lorsque je sors une viande rouge du four (rôti de bœuf, gigot ou même magret de canard), je la laisse reposer au chaud, jusqu'au moment de la servir, en l'emballant dans deux feuilles d'aluminium, puis dans une autre protection isotherme (certains chefs posent dessus un gant antibrûlure, personnellement, je la recouvre d'une petite couverture polaire). Grâce à cette douce chaleur, le sang ne s'écoulera pas hors de la viande, mais irriguera toute la chair, qui deviendra fondante et savoureuse. Un rôti tout simple peut alors devenir exceptionnel. Quant à la viande blanche, je la cuis dans un bouillon (eau + bouillon cube) frémissant, en comptant environ une demi-heure par kilo. Ensuite, je n'ai plus qu'à la faire croustiller au four, ou en cocotte. Au lieu de se dessécher, la chair, bien dorée à l'extérieur, donnera toute sa tendreté à l'intérieur. C'est incomparable.
En été, pour les barbecues : je blanchis d'abord les côtelettes (quelques minutes) avant de les déposer sur la grille. Là encore, elles seront juste grillées dehors, bien cuites et fondantes dedans. Et, si je prépare des brochettes, je fais tremper les baguettes de bois une dizaine de minutes dans l'eau froide pour que les cubes de viande ou de légumes se décollent facilement. »

Pâtes

« Au moment d'égoutter les spaghettis, je pose le saladier de service dans l'évier, sous la passoire : il s'ébouillante ainsi de l'eau des pâtes. Tout de suite après l'avoir vidé, je verse au fond la moitié de la sauce prévue, puis les pâtes égouttées et enfin le reste de la sauce. Il sera bien plus facile de les mélanger et je pourrai les servir dans un plat qui les gardera au chaud. »

Légumes

« Je cuis les légumes verts à découvert et, après les avoir égouttés, je les passe à l'eau glacée pour fixer la chlorophylle. Pour les pommes de terre, je démarre la cuisson à l'eau froide. »

Poissons

« Pour les filets de poisson, l'ennemi, c'est l'eau. Je commence donc par les saler, recto verso, et je les emballe dans un film alimentaire. Puis je les laisse reposer au réfrigérateur durant quelques heures. Ensuite, je les rince abondamment, environ cinq minutes, sous l'eau courante. Je les éponge bien, les farine légèrement et les poêle. Ainsi débarrassée de son excédent d'eau, la chair n'éclate pas, ne dégorge pas, ne s'éparpille pas. Elle dore facilement et donne toute sa saveur. »

Ruser

Aubergines légères

Préalablement cuites quelques minutes à la vapeur, les tranches d'aubergines absorberont beaucoup moins d'huile lorsque vous les ferez revenir à la poêle.

Film docile

Qui n'a jamais lutté contre un rouleau de film alimentaire refusant de se dérouler correctement ? Pour le domestiquer, il suffit de le conserver au réfrigérateur : il se dévidera sans s'emmêler ni coller !

Glaçons de vin

Vos invités partis, il vous reste une bouteille de vin rouge entamée et vous ne pensez pas en consommer dans les jours à venir. Mettez-le à congeler dans vos bacs à glaçon. Il vous servira ultérieurement pour vos sauces… et vous évitera alors d'acheter une bouteille entière pour une simple préparation.

Amande douce

Pour monder facilement une amande, c'est-à-dire éliminer la peau brune amère, il faut l'ébouillanter quelques secondes avant de la « peler ».

Du beurre !

Un gâteau facilement démoulé, c'est d'abord un moule bien beurré. Facilitez l'opération : mettez au fond du moule une noisette de beurre et passez un instant dans votre four que vous avez mis à préchauffer. Le beurre fondu s'étalera facilement.

Thierry Racoillet, pâtissier

« Nous prenons du beurre pommadé, que nous étalons au pinceau. Mais, surtout, nous saupoudrons très légèrement de farine le moule, le gâteau se démoule beaucoup mieux. »

Pommes de terre express

Si vous voulez réduire le temps de cuisson de vos pommes de terre à l'eau, il suffit de les transpercer, dans le sens de la longueur, avec une aiguille à tricoter.

Raisins secs bien répartis

Dans un cake, les raisins secs doivent être uniformément répartis. Si vous ne voulez pas qu'ils tombent au fond de votre préparation, roulez-les dans la farine ou le sucre glace.

Ruser

Artichaut bien vert

Ne coupez pas la queue des artichauts, mais brisez-la à la main, elle entraînera ainsi les plus grosses fibres. Pensez à citronner leur eau de cuisson, ils garderont leur couleur sans noircir.

Citrons et oranges juteux

• Pour extraire plus facilement le jus d'un citron, passez-le dans un premier temps sous de l'eau chaude puis roulez-le sur une surface rigide en appuyant doucement dessus.
• Ne vous privez pas des vertus de l'orange sous prétexte que vous avez du mal à l'éplucher : enfournez-la quelques secondes dans votre micro-ondes, elle se laissera peler facilement… et sera plus juteuse.

Poisson enfariné

Votre filet ou votre darne de poisson aura bien meilleure tenue et dorera plus facilement si vous le farinez avant de le passer à la poêle. Dans un sac en plastique (du type sachet de congélation), mettez un peu de farine puis votre poisson (un morceau à la fois !). Refermez le sac et secouez le tout quelques secondes. Votre filet sera uniformément fariné – ni trop, ni trop peu – et le plan de travail restera tout propre.

Pain tranché net

Une belle tartine taillée dans une miche tout juste sortie du four… quel délice ! Mais pas facile de couper du pain trop frais. Pour vous aider, passez de l'eau très chaude sur la lame de votre couteau, essuyez et… essayez à nouveau. Ça va mieux, non ?

Pâtes du lendemain

Mais si, les pâtes réchauffées peuvent être bonnes ! N'ajoutez ni beurre ni eau (qui les gonfleraient). Placez-les dans une passoire et arrosez-les d'eau très chaude, puis égouttez-les bien. Mettez un peu de lait dans une casserole, ajoutez les pâtes et chauffez tout doucement.

Poulet décarcassé

Ce reste de poulet fera merveille dans le hachis parmentier que vous allez préparer… Pour le dépiauter sans peine, placez sa carcasse dans le panier à vapeur de votre cocotte (ou de votre couscoussier) et faites chauffer (sans mettre la pression). Au bout d'une dizaine de minutes, la chair du poulet se détachera toute seule.

Ruser

Gruyère reconditionné

Vous avez du mal à remettre emmental ou gruyère emballés dans dans leur sachet, après utilisation ? Il suffit de couper la première tranche, non dans la largeur, mais dans la longueur du morceau, et sur toute sa hauteur. Le morceau de fromage rentrera aisément dans son emballage !

Œufs récalcitrants

Si vous ne parvenez pas à extirper les œufs de leur boîte, mouillez le bout de vos doigts pour les attraper : ils viendront tout seuls.

Comme le lait sur le feu

À surveiller comme le lait sur le feu… l'expression est justifiée. D'une seconde à l'autre, le lait que vous faites bouillir monte, se sauve… et encrasse votre cuisinière. Pour éviter ces désagréments, placez dans votre casserole une petite cuillère ou une soucoupe renversée.

+ *Hervé This, chimiste*

« Nous en avons fait l'expérience : le procédé n'empêche pas le lait de monter, mais, à partir d'une certaine température, l'objet remue et fait du bruit contre le fond de la casserole. Il sert ainsi d'avertisseur. »

Ail, ail, ail

✚ On lui reproche parfois d'être indigeste. Pour y remédier, prenez la peine d'éliminer le germe vert contenu au centre des gousses, ou blanchissez celles-ci quelques minutes à l'eau bouillante.

✚ Avant de l'éplucher, pour éviter que les petites peaux ne collent à vos doigts – c'est si difficile ensuite de s'en débarrasser ! – passez les gousses sous l'eau froide après les avoir ébouillantées.

✚ Et si elles sont récalcitrantes, aplatissez-les avec le plat d'une lame de couteau (sans les écraser…).

Astuces, science… et magie

Parole de pro

Hervé This, chimiste

Et si un chimiste passait au crible de la science du XXIe siècle les astuces de nos grands-mères ? Eh bien, c'est ce à quoi s'emploie Hervé This, chimiste à AgroParisTech.
Le chimiste nous apprend*, entre mille autres choses, que des blancs d'œufs battus en neige et retombés peuvent parfaitement remonter pour peu qu'on les fouette à nouveau et, qu'en pratique, une pincée de sel ne fait rien à l'affaire. Qu'il est en revanche pertinent d'ajouter du vinaigre à l'eau de pochage des œufs. Que pour se débarrasser de l'odeur d'oignon persistant sur les doigts, il est inutile de les passer sur une lame en métal tout en les rinçant à l'eau courante. Que le cuivre des bassines de confiture favorise effectivement l'action des pectines, responsables de la gélification, mais qu'il n'est pas, par ailleurs, dénué de toxicité.
Ce scientifique, aussi rigoureuses soient ses méthodes, ne réfute pas la part de mystère que nous portons en nous : « J'ai un ami scientifique, raconte-t-il, qui prétend ne pas pleurer en épluchant des oignons… s'il tient à la bouche une cuillère en bois. Nous avons expérimenté plusieurs fois cette méthode, et nous n'avons constaté aucun effet. Mais la pensée magique sommeille encore dans les enfants que nous sommes… »

* *Notamment dans son livre* Les Précisions culinaires, *éditions Quæ Belin, 270 p. Voir aussi sur le site de l'Inra (www.inra.fr), onglet "La science et vous", puis "Apprendre, expérimenter", puis "Gastronomie moléculaire".*

Ruser

Œufs en question…

+ Crus ou cuits ? Vous avez laissé tous vos œufs dans le même panier… et vous ne savez plus lequel est dur et lequel est cru. Faites-les tourner sur une table (en position couchée), comme une toupie. Si l'œuf tourbillonne rapidement, il est dur, s'il est plus lent, il est frais.

+ Extra-frais ou périmés ? Vous avez un doute sur la fraîcheur de votre œuf ? Plongez-le dans un récipient d'eau froide : s'il coule, c'est parfait, s'il flotte, méfiance !

Marie Bocquet, fromagère

« Au fil des jours, il se forme une poche d'air. Si l'œuf flotte, ne le préparez pas en extra-frais (à la coque, par exemple). Mais vous pouvez tout de même le consommer si vous êtes certain de l'avoir bien gardé au froid depuis moins de 5 semaines (à partir de la date de sa ponte). »

Griller sans éclabousser

Ébouillantez un instant saucisses ou lardons puis faites-les rissoler à feu doux avant de les griller. Vous éviterez ainsi les éclaboussures. Et vous disposerez d'eau bouillante parfumée pour faire cuire des légumes. Autre astuce pour les grillades : mettez du sel dans votre poêle avant d'y déposer la viande.

Verres décoincés

Vous avez empilé deux verres et ils restent coincés ? Plongez celui du dessous dans de l'eau chaude et remplissez celui du dessus d'eau froide. Ils se décolleront comme par enchantement.

... Et sans fissures

Si vous craignez que les œufs que vous faites bouillir ne se fendent, ajoutez une cuillerée de vinaigre à l'eau de cuisson : il colmatera une éventuelle fissure en coagulant le blanc, qui ne pourra pas s'épancher hors de l'œuf.

Jeanne Campagne, journaliste culinaire

« Pour que les œufs n'éclatent pas lors de la cuisson, il suffit qu'ils soient à température ambiante (je les sors donc à l'avance du réfrigérateur). Et il faut bien sûr les déposer délicatement dans la casserole, éventuellement avec une cuiller à soupe. »

Crème pâtissière sans peau

Saupoudrer d'un nuage de sucre glace votre crème pâtissière encore chaude évite qu'une peau ne se forme lorsqu'elle refroidira. Vous pouvez aussi passer un morceau de beurre bien froid piqué au bout d'une fourchette.

Thierry Racoillet, pâtissier

« Plutôt que de rajouter du sucre ou une matière grasse, je préfère tendre un film alimentaire sur le bol de crème quand elle est encore très chaude. C'est très efficace. »

Parole de pro

Des légumes hauts en couleur !

Hervé This, chimiste

« On dit que cuire les légumes verts à découvert permet de fixer leur couleur : nous l'avons expérimenté et n'avons constaté aucun résultat probant en ce sens. En revanche, une pincée de bicarbonate de soude dans l'eau de cuisson fixera la chlorophylle et ils garderont leur belle couleur. Par ailleurs, si votre eau est très calcaire, la cuisson des lentilles sera longue. C'est pourquoi j'ajoute également une pincée de bicarbonate de soude. Il se produit alors une précipitation du calcaire et les lentilles peuvent cuire beaucoup plus rapidement. »

Bricoler Entretenir Maison Coudre Décorer Préserver Ruser

Maison

On a tous envie d'une maison accueillante et de vêtements impeccables. Mais il faut d'abord nettoyer, ranger, bricoler, décorer, réparer… Pas de panique ! En rusant un peu, vos efforts seront moins pénibles. Et vous réaliserez même des économies en misant sur deux produits phares, aussi simples que performants.

Bricoler

Pour enfoncer le clou

C'est le B. A. BA du bricolage. Et pourtant… Selon la taille du clou, le support ou… votre adresse, un simple coup de marteau peut faire (beaucoup) plus de mal que de bien.

✚ Sur un mur peint. Posez un morceau d'adhésif repositionnable – pour pouvoir le décoller ensuite sans peine – à l'emplacement prévu pour votre clou. Ainsi, la peinture ne s'écaillera pas.

✚ Sur des baguettes de bois. Le risque, lorsqu'on cloue des baguettes légères (type « décoration »), c'est qu'elles se fendent. Pour éviter ce désagrément, avant d'enfoncer le clou, émoussez-en la pointe (contre une semelle de chaussure ou contre un mur, par exemple).

✚ Sur un fond de cadre ou sur un support nécessitant des tout petits clous, impossibles à tenir entre les doigts : il suffit d'utiliser une pince à épiler, qui les maintiendra en place.

Adrien Bey, menuisier

« Personnellement, avant de planter un clou dans du bois, je passe la pointe dans mes cheveux. Elle se graisse avec le sébum et le clou entre dans la planche sans aucun dégât. C'est une vieille astuce d'ébéniste, mais elle reste très efficace. »

Scier sans sourciller

Scier avec régularité, à la main, n'est pas toujours aisé. Pour vous aider, frottez votre lame avec de la paraffine ou de la bougie, elle glissera mieux. Et, pour que la coupure soit nette, sans échardes, mouillez d'abord l'endroit que vous voulez scier avec une éponge.

Adrien Bey, menuisier

« Certains bois ont tendance à se resserrer sur la lame juste après son passage. Dans ce cas, je glisse une pièce de monnaie dans la fente et je l'avance au fur et à mesure que je progresse. »

Savoir percer...

... à la bonne profondeur

Trop, ou trop peu, ça n'ira pas. Pour percer un trou de la juste profondeur, marquez au préalable la mèche de votre perceuse après avoir mesuré la longueur voulue (généralement plus courte que celle de votre vis). Vous pouvez utiliser de la craie, un morceau de ruban adhésif, un feutre, etc.

... dans du carrelage

Vous voulez fixer un support de douche au-dessus de votre baignoire ? Première précaution à prendre avant de percer un carrelage, assurez-vous que le mur est plein, en tapant avec votre doigt comme si vous frappiez à une porte. Si le son est creux, trouvez un autre emplacement. Deuxième écueil à éviter : ne pas fendre le carreau. Collez du sparadrap à l'endroit prévu et percez. Le tissu du sparadrap amortira les vibrations de la perceuse, ce qui annulera les risques d'éclatement de la faïence. On nettoie ensuite facilement avec du dissolvant.

+

Adrien Bey, menuisier

« Le problème, quand on perce un mur, c'est toute cette poussière qui vole dans la pièce. Pour travailler sans salir, je scotche un filtre à café sous l'emplacement prévu pour le trou. Je l'ouvre bien pour qu'il recueille toute la poussière. Lorsque j'ai terminé, je n'ai plus qu'à le refermer soigneusement et le jeter... Après mon passage, la pièce est impeccable ! »

Bricoler

Coups de pinceau !

Repeindre une fenêtre…

Peindre le bois d'une fenêtre sans toucher aux carreaux ? Mission impossible ! Alors, enduisez les vitres d'huile de cuisine. Une fois la peinture sèche, il vous suffira de passer un chiffon pour récupérer les coulures de peinture et d'huile. Et vos vitres seront impeccables.

… une chaise ou une table en bois

Au début, tout se passe bien. Mais, quand le pinceau arrive au bas des pattes de la table ou de la chaise que l'on est en train de peindre, ça se complique. Bien sûr, on a pris la précaution de protéger le sol avec une bâche ou un simple papier. Seulement voilà, les poils se prennent dans cette protection et il reste toujours de petites zones mal – voire pas du tout – recouvertes. La solution ? Avant de commencer, on plante un grand clou à tête plate sous chaque pied, chacun à même profondeur. Ainsi rehaussé, votre meuble se laissera repeindre… de la tête aux pieds.

… un escalier

Commencez votre travail en haut de l'escalier et descendez en peignant une marche sur deux. Alternez au deuxième passage.

… à l'extérieur

Claude Layrac, peintre

« Tous les peintres craignent la poussière. Si elle se colle à la peinture avant séchage, elle peut gâcher le travail. Protégez toujours votre chantier. Et, si vous travaillez dehors, arrosez la zone sur plusieurs mètres pour fixer la poussière. Si vous n'avez pas d'arrosoir, prenez une brosse à badigeon, trempée dans l'eau, et frappez-la contre un bâton pour asperger le sol. Renouvelez l'opération régulièrement. »

Rouleaux et pots toujours prêts

Bien laver ses rouleaux après usage, c'est indispensable pour les retrouver en bon état. Mais quelle corvée ! Vous pouvez vous en dispenser si votre pause est de courte durée. Dans ce cas, emballez-les soigneusement dans du film étirable. Si vous réutilisez votre matériel dans les 24 heures, vous le retrouverez tout frais.

Quant aux pots, pensez à les stocker à l'envers, cela évitera que la peinture ne sèche. En vous assurant d'abord que le couvercle est bien fermé, évidemment.

Ni clou ni marque

Vous voulez retirer du mur un clou devenu inutile et il vous résiste… Vous saisissez votre tenaille mais vous craignez qu'elle ne laisse une vilaine marque sur le mur… Protégez-le en glissant une spatule en bois entre le mur et les tenailles.

Cire à tout faire

Ne jetez pas la cire qui enveloppe certains fromages. Gardez-en une boule dans votre boîte à outils, elle vous servira à graisser les vis à bois, ce qui facilite leur pénétration, ou à boucher de petits trous. Elle vous aidera aussi à maintenir une vis au bout d'un tournevis pour atteindre des endroits difficiles d'accès.

+

Adrien Bey, menuisier

« Ce sont de bonnes astuces. Personnellement, j'utilise aussi un peu de graisse (du type vaseline) lorsque je n'ai pas mon tournevis aimanté sous la main. J'en dépose un tout petit peu au bout de mon tournevis et la vis tient mieux dessus. »

Décorer

La seconde vie des doudous

Et si ce vieil ours en peluche reprenait du service ? Pas en tant que doudou, bien sûr, les enfants ont grandi, mais en… cale-porte. Il suffit de lui ouvrir le ventre et de le lester, en le remplissant de sable, de gravier ou même de billes. Pour terminer l'opération, suturez… euh, pardon ! Recousez.

Pour y voir plus clair

Impossible d'équiper votre lampe d'une ampoule plus forte, ce serait contraire au conseil du fabricant et vous risqueriez un court-circuit. Pourtant, l'endroit où vous l'avez posée mériterait plus de lumière. Tapissez l'intérieur de l'abat-jour de papier d'aluminium, la lumière se reflétera davantage et vous y verrez plus clair !

Zéro trace au tableau

Ce qui est bien, avec un tableau accroché au mur, c'est que, lorsqu'on s'en lasse, il est facile d'en changer. Ce qui est beaucoup moins bien, c'est que son contour laisse une vilaine trace grisâtre sur le mur. Pour changer de cadre aussi souvent qu'il vous plaira, prenez cette précaution : retournez-le et enfoncez à moitié deux punaises dans les deux coins du bas (ou collez deux rondelles de liège). Une fois accroché, le tableau sera ainsi légèrement décollé du mur, l'air circulera librement et il n'y aura plus de traces.

Ravivez la flamme

Vous avez la chance d'avoir une cheminée ? Ne vous débarrassez surtout pas de vos bouchons de liège. Conservez-les précieusement dans un endroit sec et jetez-en une poignée sur un feu mourant pour en raviver la flamme.

Des pots pas poreux

Quoi de plus charmant qu'un bouquet d'anémones dans ce petit pot en grès tout simple ? Hélas, il est devenu poreux et vous ne pouvez plus l'utiliser pour mettre de l'eau… À moins de lui rendre son étanchéité. Pour ce faire, prenez un peu de paraffine, faites-la fondre doucement au bain-marie, coulez-en un peu dans votre vase, tournez (vite !) dans tous les sens pour qu'elle adhère bien aux parois et jetez le surplus. Recommencez, au besoin, de sorte que tout l'intérieur soit recouvert.

Pour changer de cadre…

+

Élise Julien, décoratrice d'intérieur

« Soigner les cadres de vos tableaux ou miroirs, c'est le détail qui donne de l'allure à votre pièce. Ainsi, un peu de doré sur un cadre en bois suffit à transformer une glace que personne ne remarquait. Enduisez-le d'abord d'une couche de peinture rouge écarlate, laissez sécher, puis appliquez votre peinture dorée. Lorsqu'elle est sèche, passez à grands gestes un tampon de paille de fer fine, qui laissera apparaître un peu de rouge. Si vous avez des cadres en acier, passez un peu de noir de fonte, que vous étalerez comme un cirage, puis lustrez au chiffon doux. Dans un cas comme dans l'autre, vous obtiendrez un éclat incomparable, tout en élégance. »

Décorer

Coup de punch aux coussins

Les petits coussins de votre canapé sont tout raplapla ? Enfournez-les dans votre sèche-linge et faites tourner pendant une dizaine de minutes. Ils vont retrouver tout leur gonflant.

Rideau bien coulissant

De beaux rideaux, et voilà votre pièce tout habillée. Et puis, vous pouvez faire le jour et la nuit en un clin d'œil. Oui, mais quand les anneaux raclent la tringle en bois… ça coince ! Pour les rendre bien coulissants, frottez plusieurs fois la barre avec un morceau de paraffine ou une simple bougie.

Vase trop grand…

Les fleurs, ce n'est pas comme les plats… Difficile de mettre un petit bouquet dans un grand contenant. Notre solution ? Tendez un film alimentaire sur votre vase après l'avoir rempli d'eau. Puis piquez les fleurs en traversant le film, qui les maintiendra en place… tout en restant invisible.

… ou fleurs trop courtes ?

On vous offre à nouveau des fleurs ? Mais, cette fois, ce sont les tiges qui sont trop courtes. Prenez des pailles en plastique et, dans chacune d'elles, introduisez vos fleurs une à une. Voilà que, sans engrais, les plantes poussent à vue d'œil ! Composez ensuite votre bouquet en veillant à ce que les tiges naturelles atteignent l'eau du vase.

L'allumeur de photophore

Allumer une bougie posée au fond d'un photophore sans se brûler les doigts, c'est une véritable gageure… sauf si vous avez chez vous une longue allumette allume-feu. Sinon, servez-vous d'un… spaghetti dont vous aurez allumé une extrémité. C'est moins chic que l'allumette, mais c'est beaucoup plus économique… et tout aussi efficace !

Des bougies

… longue durée

La lueur des bougies, ça vous donne tout de suite un air de fête… ou une ambiance plus intime. Mais, pour ne pas brûler la chandelle par les deux bouts, économisez-les ! Versez un peu de sel au pied de la flamme, il prolongera leur durée de vie.

… bien stables

Mal installées dans des chandeliers trop grands, les bougies ont triste allure et penchent… dangereusement. Jouez la sécurité en leur rendant leur aplomb ! Tapissez le fond du bougeoir avec un peu de pâte à modeler ou de papier d'aluminium froissé et vous pourrez les planter, bien droites.

… nettes et sans coulures

Frictionnées avec un bas en Nylon, elles luiront joliment. Et si, avant de les utiliser, vous leur faites passer une nuit dans un bain d'eau salée ou dans votre congélateur, elles ne couleront pas.

Entretenir

Tapis ravivé

Votre tapis est un peu poussiéreux et ses couleurs se sont ternies. Profitez d'un jour de neige pour faire votre grand nettoyage... de printemps. Sortez-le, battez-le pour le dépoussiérer et étendez-le sur le sol, poils contre la neige. Laissez tel quel une heure ou deux, puis admirez le résultat. La neige a réellement ravivé les couleurs !

Élise Julien, décoratrice d'intérieur

« Pour ma part, je profite des beaux jours pour laver à fond mes tapis de laine. Je les sors dans la cour et les arrose au jet d'eau (si vous n'avez pas de jet, lancez quelques seaux d'eau). Je verse la moitié d'un flacon de détergent ammoniaqué et, avec un lave-pont, je brosse vigoureusement, dans le sens du poil, à rebrousse-poil, puis latéralement. Je rince au jet jusqu'à obtenir une eau sans mousse et bien claire. Ensuite, je prends une grande raclette (celle que j'utilise pour déblayer la neige) et je chasse l'eau au maximum. Enfin, je laisse sécher à l'ombre, sur une table ou, si possible, sur un fil. L'opération nécessite un peu de temps et des efforts, mais ils sont largement récompensés. Le tapis est profondément nettoyé, assaini, les fibres ont retrouvé toute leur douceur et les couleurs sont splendides. »

Marbre éclatant

Ce marbre clair a un peu perdu de sa blancheur, c'est dommage. Pour lui rendre son éclat virginal, il vous suffit d'y passer un demi-citron que vous aurez saupoudré de sel. Laissez agir quelques minutes, puis rincez à l'eau chaude. N'hésitez pas à renouveler l'opération si nécessaire.

Pas rayé, le CD !

Charles Bourg, disquaire

« Un CD très légèrement griffé peut être réparé. Prenez-le en son centre, entre le pouce et l'index et, avec l'autre main, passez un chiffon sur lequel vous aurez étalé une larme de dentifrice. Attention, ne faites pas de mouvements circulaires mais agissez en partant du centre vers l'extérieur, comme si vous traciez les rayons d'un cercle. Essuyez très légèrement. »

Fosse efficace

Si votre maison est équipée d'une fosse septique, ne jetez pas à la poubelle vos yaourts ou autres produits laitiers périmés. Mettez leur contenu dans la cuvette des W.-C., leur ferment favorisera la reconstitution des bactéries, ce qui accélérera le processus de décantation.

Cuir dégriffé

Le chat a griffé votre beau fauteuil en cuir ? Imbibez un linge de coton de lait démaquillant et frottez doucement. Après, lustrez au chiffon doux. Si l'éraflure est profonde, elle sera estompée. Si elle n'est que légère, elle pourra s'effacer totalement.

Rallumer l'étain

L'étain peut briller. Pour ce faire, faites chauffer un peu de bière (sans faire bouillir) et mouillez-en un chiffon, que vous passez minutieusement sur l'objet en frottant.

Sans les poils !

Enlever les poils de chien incrustés sur le canapé ou les sièges de voiture peut devenir facile... Enfilez un gant de vaisselle en caoutchouc. Avec la paume de la main, frottez en petits mouvements circulaires : les poils viennent docilement se mettre en boule...

Entretenir

Savoir fer…

Portail, barreaux, balustrades… bien entretenu, le fer forgé a plus fière allure. Lavez-le régulièrement avec du liquide vaisselle. Puis, s'il s'agit d'un élément intérieur, passez du cirage à chaussures de la couleur la plus proche de celle du fer ou bien, à défaut, de l'incolore. Lustrez bien ensuite.

Parole de pro

La grande lessive

Paulette Marin, conseillère en économie sociale et familiale

« Si vous devez lessiver un mur, commencez par le bas : lorsque l'éponge dégouline, les traces qu'elle laisse sur un mur propre sont très faciles à retirer alors qu'elles sont impossibles à effacer sur un mur sale. »

Parole de pro

Lunettes bien nettes

Pauline Ménard, opticienne

« Les doigts peuvent laisser des taches de gras, difficiles à retirer avec votre produit habituel. Si vos lunettes sont vraiment sales, vous pouvez les laver avec une goutte de liquide vaisselle et de l'eau froide. C'est très important, car l'eau chaude attaquerait le traitement qui recouvre les verres, et ce serait irrémédiable. Pour la même raison, il ne faut jamais les passer au lave-vaisselle. »

Parole de pro

Chiffon magique

Jacqueline Roland, formatrice pour aides-ménagères

« Pour entretenir ma maison, j'utilise un chiffon en microfibres qui, sans aucun détergent, donne des résultats vraiment spectaculaires. C'est donc à la fois écologique et très économique. Il suffit de le tremper dans l'eau et de l'essorer au maximum : il doit être tout juste humecté (c'est vraiment une condition indispensable, s'il est trop humide, il perd son efficacité). Ensuite, je nettoie pratiquement toutes les surfaces (en dehors des sols) : vitres, miroirs, carrelages de la salle de bains, baignoires, ordinateur, micro-ondes, Inox, chrome…

Partout, il donne un coup d'éclat inégalable, sans aucune trace, pas besoin de rincer. Quand je lustre la hotte en Inox de la cuisinière, par exemple, j'ai l'impression de voir une de ces publicités à la télévision où un simple coup d'éponge décolle la crasse la plus tenace et laisse une trace ultra-brillante. Bien sûr, dans la vraie vie, il faut aussi user de l'huile de coude et rincer la serviette microfibres dès qu'elle est imprégnée de saleté. Mais elle décolle vraiment toutes les graisses et la surface redevient comme neuve.

Mon torchon fait aussi merveille sur les objets plus petits, qu'ils soient en plastique, en faïence (interrupteurs, clenches…), en métal (bijoux, briquet…) ou en verre (lunettes…). Après usage, je le rince. Mais, s'il est très sale, je le trempe dans de l'eau bouillante additionnée de liquide vaisselle (l'eau doit être très chaude et j'utilise une cuillère en bois pour le malaxer un peu), puis je le rince jusqu'à obtenir une eau claire. Ensuite, je l'essore et le fais sécher sur un fil. De temps en temps, je le passe à la machine à laver (60° C maxi), mais attention, sans adoucissant. Grâce à ces bons soins, le chiffon que j'ai depuis huit ans est toujours aussi efficace ! »

Préserver

Parole de pro

« Objets de valeur : aucun droit à l'erreur »

Bertrand de Metz-Noblat, antiquaire

« Avant d'intervenir sur un objet, il faut savoir de quoi il est fait et connaître la composition exacte du produit que l'on veut utiliser. Il se crée parfois des réactions chimiques inattendues qui peuvent provoquer des dégâts irrémédiables. Alors, s'il s'agit d'un objet unique, auquel on tient particulièrement, mieux vaut aller consulter un professionnel en lui montrant l'objet. Il vous conseillera, le plus souvent gracieusement, et vous dira ce que vous pouvez faire… et ne devez pas faire. »
En illustration, voici quelques astuces courantes passées au crible de notre spécialiste.

Ivoire : gare aux mélanges corrosifs

Certaines personnes prétendent que, pour raviver l'ivoire, il faut le frotter avec une moitié de citron saupoudrée de sel fin…

L'avis du pro

« Ce mélange est très agressif et peu recommandé pour une matière aussi délicate que l'ivoire. Mieux vaut plonger votre objet dans un bain de lait, qui le nourrira et lui rendra sa patine. Ensuite, essuyez délicatement avec un chiffon doux. »

Tableaux : optez pour le savon

On dit qu'une pomme de terre crue coupée en deux est idéale pour nettoyer un tableau peint à l'huile.

L'avis du pro

« Attention, la pomme de terre contient de l'amidon, qui altère les couleurs. S'il s'agit vraiment d'un tableau à l'huile (il doit être verni), vous pouvez prendre un coton humecté d'eau savonneuse et tamponner doucement. Mais, auparavant, faites un test sur le bord de la toile et regardez bien ce qui s'est déposé sur le coton : à la moindre trace de couleur, arrêtez tout. Si vous ne voyez que de la saleté, poursuivez… en douceur. »

Oui au lait pour la porcelaine

On peut réparer la porcelaine fêlée en la baignant pendant une heure dans un récipient rempli de lait bouillant…

L'avis du pro

« C'est une bonne idée. La caséine contenue dans le lait va se déposer dans la fêlure et la colmater. »

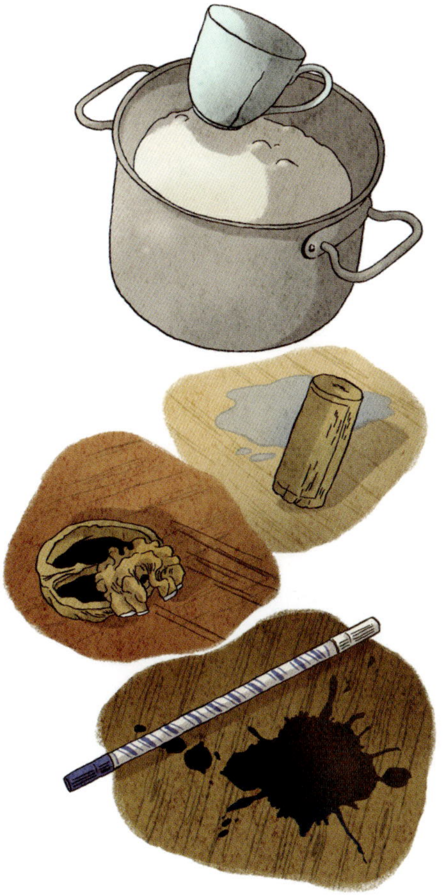

Sur le bois…

… ciré :

Si l'on renverse un peu d'eau sur du bois ciré, il faut l'essuyer puis passer un bouchon de liège sur les traces.

L'avis du pro

« C'est efficace si l'on agit immédiatement. En fait, le frottement du bouchon va avoir un double effet : il réchauffera la cire qui recouvre votre meuble et il l'étalera à nouveau. C'est pourquoi il faut frotter assez vigoureusement, comme si l'on voulait gommer le bois. Si la tache d'eau est ancienne, il vous faudra la frotter avec de la laine d'acier fine jusqu'à disparition de la tache, puis cirer à nouveau. »

… verni :

Pour atténuer de fines éraflures, on peut utiliser une noix épluchée. On coupe le cerneau pour qu'il présente une surface à vif, puis on frotte la zone à réparer.

L'avis du pro

« Oui, la noix va nourrir le bois verni et combler les rayures. Mais il faut bien sûr qu'elles soient superficielles… »

… taché d'encre :

Une tache d'encre se retire à l'alcool à 90°.

L'avis du pro

« Ce n'est pas approprié. Personnellement, s'il s'agit d'encre bleue, j'utilise de l'effaceur, comme celui des écoliers. Sinon, j'emploie un détachant antirouille, comme pour un textile. »

Réparer

Vis efficiente

Lorsqu'elle flotte dans son logement, une vis devient totalement inutile. Mais, lorsqu'on ne peut pas y remédier en la remplaçant par une autre, un peu plus longue ou un peu plus grosse, comment faire ? Eh bien, vous pouvez entourer son pas de vis avec un fil, elle occupera ainsi plus d'espace. Si cette solution n'est pas praticable, essayez de combler partiellement le trou, en y glissant un morceau d'allumette fendu dans la longueur. Vous pouvez aussi le reboucher totalement avec de la colle à bois ou de la colle universelle. Dans ce cas, laissez un peu sécher avant de reposer la vis.

Allô à l'eau

Votre portable est tombé dans l'eau ou, pire, vous l'avez oublié dans une poche avant de faire votre lessive… La situation n'est pas forcément désespérée. Retirez la batterie et la carte Sim et plongez le téléphone sans sa coque de derrière dans une assiette creuse remplie de riz. Au bout de 24 heures, le riz aura absorbé l'humidité.

Farid Kaabeche, réparateur @in. phone

« Personnellement, je conseille au moindre doute d'aller voir un professionnel. Mais, si vous vous sentez sûr de vous, vous pouvez retirer batterie et carte Sim et passer en douceur une brosse à dents légèrement imbibée d'alcool à brûler. Puis vous laissez sécher à l'air libre. N'utilisez surtout pas de source de chaleur (radiateur ou sèche-cheveux) qui causerait des dégâts irrémédiables sur certains composants. »

Ouvrez la fenêtre !

Un peu d'humidité, et le bois de votre fenêtre a travaillé. Vous avez désormais du mal à ouvrir et fermer ses battants. Un simple nuage de talc devrait suffire à régler votre problème. Saupoudrez-en la rainure qui se trouve en bas de la fenêtre, elle retrouvera sa mobilité.

Tiroirs accommodants

Adrien Bey, menuisier

« Attention, si vous utilisez du savon, il réagira à la moindre humidité et le bois de votre tiroir risque à nouveau de gonfler. Préférez la bougie ou la paraffine (la même que celle utilisée pour fermer un pot de confiture), ce sera plus sûr. »

Frottez...

Vous forcez, il résiste, vous forcez davantage, il résiste encore... Et soudain, alors que vous n'y croyez plus, il cède... Un tiroir qui coulisse mal, c'est de l'agacement en perspective. Allez, une bonne fois pour toutes, prenez le taureau par les cornes : retirez complètement le tiroir et frottez les glissières et les chants avec de la paraffine, du savon sec ou de la cire de bougie.

Ou rabotez

Votre tiroir résiste encore ? Les grands moyens s'imposent ! Rabotez-le. Oui, mais où précisément donner les bons coups de rabot ? Sortez le caisson, retournez-le et tracez des traits de craie sur toute sa longueur. Replacez-le dans le meuble puis ressortez-le : la craie aura disparu sur les endroits de frottement, c'est là qu'il faut passer le coup de rabot.

Réparer

Stop au supplice de la goutte d'eau

Difficile de résister au supplice de la goutte d'eau qui tombe à intervalles réguliers dans le lavabo. En attendant de réparer votre robinet qui goutte (changer un simple joint suffit souvent), restez serein : prenez une ficelle, entourez le bec et laissez-la pendre jusqu'à la bonde. L'eau suivra son chemin le long du fil et vous épargnera le bruit de ses gouttes.

Parquet silencieux

Ne laissez pas votre parquet troubler le calme de votre maison. S'il a pris l'habitude de craquer, réduisez-le au silence. Saupoudrez du talc entre les lames et étalez-le avec un papier absorbant sec. Marchez, sautez ou tapez sur le parquet pour que le talc glisse bien entre les planches. Et passez un coup d'aspirateur après.

Rebouchage express

Vous n'allez tout de même pas sortir de l'enduit pour obstruer ces trous qui grêlent votre mur… Ils sont si petits ! Votre pâte dentifrice fera l'affaire !
Un tout petit peu au bout du doigt, une petite touche sur le mur, un petit coup de lissage, toujours au doigt… et voilà. D'accord, ce n'est pas du travail de pro, mais, en attendant les grands travaux de rénovation, les apparences sont sauves !

Bouton de porte bien arrimé

Le bouton de porte de votre armoire tourne dans le vide, mais il est si joli avec sa petite boule de verre que vous n'avez pas le cœur à le remplacer. On vous comprend, mais ne renoncez pas pour autant à son efficacité. Retirez-le et enduisez son pas de vis de colle, puis entourez-le de laine. Replacez le bouton à sa place et, avant de l'utiliser à nouveau, laissez à la colle le temps de sécher et de l'immobiliser.

Énergie durable

Les piles de votre radio sont épuisées et il est trop tard pour aller en acheter des neuves… votre émission préférée va commencer ! Sortez vos piles usées et posez-les un quart d'heure sur un radiateur. La chaleur leur redonnera un petit regain de vie.

Housse de rêve

Mais pourquoi c'est toujours si cher, une housse de couette ? Alors qu'il suffit d'assembler deux draps, beaucoup plus faciles à dégotter à bon prix ! En plus, on peut varier les couleurs ou les textures… Récupérer cette vieille toile de lin, chic et solide pour la face extérieure, et la combiner avec ce coton tout doux pour la face intérieure. On peut aussi ménager des fentes sur le côté, pour que la main puisse passer et installer parfaitement le duvet. Exactement comme on aime !

Coudre

Maintenez la pression

Quand on coud des boutons-pression sur deux pans de tissu, il faut qu'ils coïncident parfaitement, donc mieux vaut éviter le moindre décalage. Voici comment : une fois que vous avez cousu le premier bouton-pression, enduisez-le de craie (si possible avec une craie de tailleur). Puis appliquez le tissu que vous voulez superposer : l'empreinte correspondra exactement à l'emplacement du deuxième bouton.

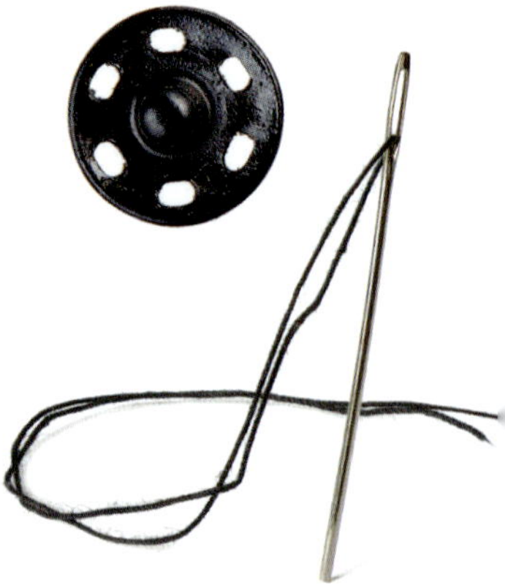

De fil en aiguille

Des difficultés pour introduire le fil dans le chas ? Si vous cousez à la machine, glissez un papier blanc entre l'aiguille et le pied-de-biche...
Et si vous cousez à la main, passez, sur l'extrémité du fil que vous venez de couper (il ne risquera pas de s'effilocher), une très fine couche de vernis transparent. Attendez quelques instants que la pointe durcisse et essayez à nouveau. C'est plus facile, non ?

Et le rideau tombe...

Si vous devez réaliser des doubles rideaux, assemblez normalement leur doublure en haut. Mais, en bas, contentez-vous de l'attacher à grands points, très espacés, pour laisser du jeu dans les coutures : leur tomber sera beaucoup plus élégant.

Suivez le guide

Coudre à la machine un ourlet bien droit alors que le tissu glisse sous le pied-de-biche, ce n'est pas évident. Pour être certain de toujours garder la ligne, tirez un fil sur toute la longueur à l'endroit souhaité de votre couture. Il vous servira de guide…

Pyjama en pleine croissance

La grenouillère préférée de votre petit-fils est déjà trop petite ? Transformez-la en pyjama en lui coupant les pieds : il pourra la porter quelques semaines de plus…

Parole de pro

Du cousu main !

Élise Julien, décoratrice d'intérieur

« Lorsque je dois coudre du skaï, ou un tissu très lourd, je le recouvre d'une feuille de papier de soie pour aider l'aiguille à bien piquer et je couds l'ensemble. Une fois la couture réalisée, le papier de soie part en lambeaux, très faciles à retirer. Parfois, sur une pièce de skaï ou de cuir, que ce soit pour un vêtement (patte, épaulette…) ou un accessoire de décoration (coussin…), je veux obtenir l'allure et la solidité du « cousu main ». Mais, comme il est difficile de percer ce genre de matériau, je pique d'abord ma pièce à la machine, sans mettre de fil, juste pour obtenir des perforations régulières. Ensuite, il ne me reste plus qu'à prendre le fil de mon choix et coudre à la main… en utilisant les trous laissés par la machine. »

Tissu discipliné

Votre tissu est trop mou et il tire-bouchonne sous le pied-de-biche de votre machine à coudre ? Relax… Glissez une feuille de papier de soie sur la plaque d'entraînement, puis posez le tissu par-dessus, en le lissant avec le plat de la main. Il restera bien plaqué et se laissera piquer docilement.

Entretenir

Cuir de toute beauté

Sur une ceinture, un sac ou des chaussures en cuir, les taches se retirent facilement avec un chiffon ou un coton imprégné de lait démaquillant. Et pour les nourrir vous pouvez utiliser votre... crème de jour. Alors, conservez les échantillons de produits de beauté (même s'ils sont périmés !) qui vous ont été offerts en parfumerie. Il vous seront précieux pour voyager léger... Mais, une fois rentrée à la maison, ne snobez pas pour autant votre bon vieux cirage : son action est tout de même plus profonde et il a le mérite de reteindre un peu les cuirs décolorés.

Prenez des gants

Vous voulez nettoyer vos gants de peau ? Enfilez-les ! Et lavez-vous les mains au savon de Marseille. Retirez-les et rincez en douceur, essorez toujours aussi doucement et mettez-les entre deux serviettes, pour les éponger. Enfilez-les à nouveau, remuez bien les doigts, retirez-les avant de les suspendre à un fil, loin d'une source de chaleur. Enfin, lorsqu'ils sont secs, nourrissez-les de quelques gouttes d'huile de ricin passées sur un chiffon doux.

Vernis ravivé

Chaussures et accessoires vernis se nettoient avec un peu de lait, du jus de citron ou de la bière. Ensuite, pour assouplir, passez un chiffon imprégné de lait démaquillant.

Complètement cirée !

La toile cirée, c'est pratique, un coup d'éponge et hop, c'est propre. Mais parfois, certaines taches résistent et, à trop vouloir frotter, on risque de l'abraser. Dans ce cas, prenez un blanc d'œuf. Battez-le un peu, juste pour le rendre mousseux, et utilisez-le sur un chiffon pour nettoyer. Même recette pour les sacs et autres accessoires en toile cirée. Quant au ciré qui craquelle, badigeonnez-le de lait, il retrouvera sa souplesse.

Le daim fait peau neuve

Vos chaussures de daim ou de nubuck semblent avachies ? Donnez-leur un vrai coup de neuf en les passant quelques instants au-dessus d'une casserole d'eau bouillante. La vapeur va les requinquer. Pour les nettoyer, découpez un morceau de papier de verre au grain très fin et brossez-les en tout sens. Et, si elles sont tachées, saupoudrez-les de talc, laissez reposer et brossez-les.

Laque antipoussière

Quoi de plus frais que des petites chaussures en toile blanche ou aux couleurs pastel ? Mais quoi de plus salissant ? Pour garder leur aspect pimpant plus longtemps, agissez en prévention. Lorsqu'elles sont neuves (ou après les avoir bien nettoyées en les tamponnant avec de l'alcool à 90°), vaporisez-les d'un nuage de laque.

(voir aussi "Les produits fétiches", pp. 68 à 71)

Entretenir

Redonner aux bijoux leur éclat...

L'or

Trempez vos bijoux dans de l'eau savonneuse, rincez puis séchez. Vous pouvez aussi les frotter doucement avec du dentifrice ou de la mie de pain. S'il s'agit de bijoux en or massif, sans pierres précieuses, n'hésitez pas à leur offrir un cycle dans votre lave-vaisselle, dans le bac à couverts. Mais attention, les pièces ne doivent pas être trop fines : elles risqueraient d'être projetées par les jets d'eau.

L'argent

Nettoyez vos bijoux en argent avec une tranche de citron. Rincez-les à l'eau chaude puis séchez-les avec une peau de chamois. Ou encore avec une brosse à dents et une noisette de dentifrice. Rincez à l'eau tiède et séchez. Si la forme de votre bijou s'y prête (bracelet avec des pièces d'argent, par exemple), frottez-le du bout du doigt avec de la cendre de cigarette. Il faut vraiment le voir pour le croire… mais c'est magique !

Les pierres précieuses

Il faut les frotter avec un peu de dentifrice.

Les bijoux en toc

Ils se lavent au jus de citron. Ensuite, pour éviter tout risque de noircissement, enduisez les parties en contact avec la peau (intérieur de l'anneau d'une bague, tige de boucle d'oreille…) de vernis à ongles transparent.

Colette Claude, bijoutière

« Pour nettoyer un bijou, quel qu'il soit, je le fais d'abord tremper dans un mélange moitié eau, moitié détergent ammoniaqué (j'utilise un produit ménager courant). Ensuite, je le frotte avec une brosse à dents aux poils souples, je le rince et je le laisse sécher à l'air libre. Le résultat est spectaculaire. »

Laver

Couette nette

Peut-on laver une couette en duvet dans une machine à laver ? La réponse est oui... à condition que sa taille lui permette de se loger dans le tambour. Si tel est le cas, pliez-la en accordéon et ajoutez 3 ou 4 balles de tennis. Dans leurs secousses, elles maintiendront une bonne répartition des plumes et empêcheront tout amas de duvet. Choisissez un programme délicat (30° C et 800 tours/minute maximum). Vous pouvez également utiliser votre sèche-linge, à condition qu'il puisse tourner à température douce. Sinon, laissez sécher à plat.

Avant de mettre en machine…

- Pensez à remonter les fermetures Éclair avant de laver vos vêtements, elles ne gondoleront plus et fonctionneront parfaitement.
- Repérez les taches de graisse, et frottez-les avec du savon légèrement humidifié sur la tache. Dans bien des cas, vous économiserez un détachant.
- Si vous passez les cols et endroits encrassés au savon de Marseille sec, vous éviterez le cycle de prélavage !

Jacqueline Roland, formatrice pour aides-ménagères

« Si un vêtement est particulièrement sale, je verse quelques gouttes de lessive liquide directement sur les taches, je frotte un peu et je laisse imprégner une dizaine de minutes. Puis je roule le vêtement en boule (c'est important) et je le mets dans le tambour de la machine avec le reste du linge. Je mets en route la lessive comme à l'accoutumée et le résultat est impeccable. »

André Chevillard, pompier

« En rentrant d'intervention, les vêtements des pompiers peuvent être très tachés, notamment de sang. Dans ce cas, nous les faisons d'abord tremper dans de l'eau froide, avec du gros sel et du vinaigre blanc. Ensuite, nous faisons la lessive normalement. »

Laver

Coup de chaud

Un linge repassé avec un fer trop chaud se marque de taches jaunâtres. Pour les supprimer, mouillez le linge avec un chiffon doux humidifié d'eau oxygénée, rincez et repassez de nouveau.

Jacqueline Roland, formatrice pour aides-ménagères

« Je lave tous les vêtements noirs ensemble, avec une lessive spéciale couleurs, sans agents blanchissants. Et une fois par an, pour leur redonner toute leur intensité, je leur offre une teinture de noir, achetée en grande surface. C'est facile (le mode d'emploi indiqué sur la boîte est tout simple) et, à la fin de l'opération, il suffit de faire tourner le lave-linge à vide pour qu'il redevienne impeccable. J'agis de même avec les serviettes de bain ou de toilette lorsqu'elles sont un peu délavées.
Je les teins toutes d'une même couleur vive (rouge groseille, par exemple). Elles semblent toutes neuves et donnent une note tonique à la salle de bains. »

Pressing maison

• Pour nettoyer un col de veste gras, faites fondre du gros sel dans de l'alcool à brûler. Frottez ensuite avec une éponge plongée dans ce mélange et votre veste retrouvera son lustre…

• Aérer les fibres d'un vêtement de laine (manteau, veste…), éliminer ses mauvaises odeurs, lui redonner son aspect net, comme s'il n'avait pas été porté, c'est possible, sans effort, ou presque. Par une nuit sans lune (sa lumière peut tacher de façon irréversible) et sans risque de pluie, suspendez votre habit dehors, et allez tranquillement vous coucher. La nuit travaillera pour vous et vous rendra au matin un vêtement comme neuf.

Ranger

Chemise cintrée

Et voilà… Vous aviez soigneusement suspendu votre chemisier en soie, et vous le retrouvez roulé en boule au fond de votre placard. Pour qu'il ne s'échappe plus, enroulez des élastiques aux extrémités du cintre, ils maintiendront votre vêtement en place.

Droit dans ses bottes

Pour ranger vos bottes, glissez dans chacune un magazine ou une bouteille d'eau minérale vide.

Vos aiguilles à l'heure du café

Ne cherchez pas vos aiguilles dans une botte de foin… mais dans un pochon de café. Plus exactement, dans un petit sac en tissu que vous confectionnerez et remplirez de café moulu et séché. Vous y piquerez aiguilles et épingles, qui ne risqueront plus de rouiller. Tout en étant bien rangées, elles profiteront en effet des vertus anti-oxydantes du café.

Écrin protecteur

Si vous déposez un morceau de craie dans votre boîte à bijoux, ils ne s'oxyderont pas et garderont leur brillance. Vous pouvez également placer un petit morceau de cire.

Colette Claude, bijoutière

« Pour lutter contre l'oxydation qui ternit métaux et pierres, je conseille d'emballer individuellement chaque bijou dans du film alimentaire. Quand vous le déballerez pour le porter, son éclat sera intact. »

Ruser

Antidérapant

Pas besoin d'une peau de banane en travers du chemin pour choir. Parfois, des chaussures glissantes suffisent à provoquer la chute. Restez debout ! Frottez la semelle avec du papier de verre ou une demi-pomme de terre crue.

Droite ! Gauche !

Votre petit-fils ne distingue pas sa droite de sa gauche ? Normal, c'est de son âge. Vous l'aiderez à enfiler correctement – et seul ! – ses chaussures en collant deux gommettes : la première sur le bord intérieur gauche pour le pied droit et la seconde sur le bord intérieur droit pour le pied gauche. Ensuite, expliquez-lui que les deux pastilles doivent toujours se tenir proches l'une de l'autre...

Costauds, les collants

On connaissait la petite goutte de vernis à ongles pour stopper le filage d'un bas. Efficace... mais pas très discret. Vaporisez plutôt un peu de laque. Le résultat sera identique, en plus joli. Et, la prochaine fois que vous étrennerez des collants, avant de les porter, prenez la précaution de les repasser (à fer tout doux) : ils seront plus solides.

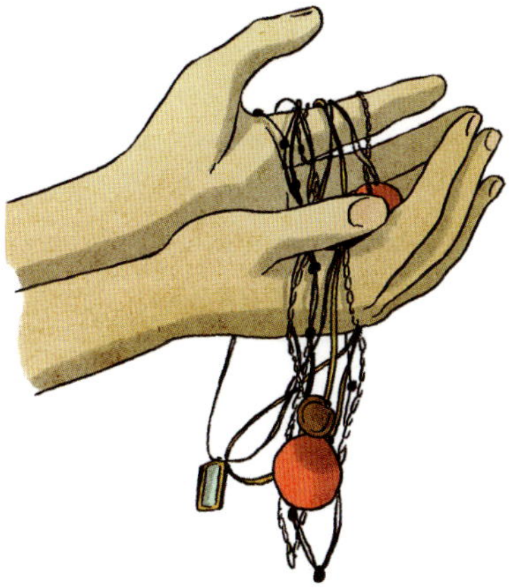

Maillons emmêlés

Pour dénouer une chaîne ou un collier fin, frottez-les au creux de vos mains que vous aurez enduites préalablement d'un peu d'huile. Vous pouvez également souffler un nuage de talc sur les maillons.

Coupe nette !

Les rémouleurs se font rares... Pour redonner du tranchant à vos ciseaux, prenez une feuille de papier d'aluminium (ou de la toile émeri ou du papier de verre). Pliez-la plusieurs fois, puis tentez de la découper avec vos ciseaux.

Cirage à sec

En ouvrant votre boîte de cirage, vous découvrez de pauvres morceaux tout secs et vous vous dites qu'ils ne pourront plus jamais lustrer la moindre chaussure. Essayez tout de même : ajoutez un peu de lait chaud, du jus de citron ou encore quelques gouttes d'essence de térébenthine et malaxez bien. Vous voyez, il ne faut jamais désespérer...

Ruser

Las des lacets délacés…

Vous avez beau vous appliquer, faire un double nœud, bien serrer… rien n'y fait… Certains lacets ont un don pour se dénouer en cours de journée ! Si vous les humidifiez avec une éponge avant de les nouer, ils rempliront leur mission jusqu'au soir.

Rafraîchir la laine

Réutiliser de la laine, c'est aussi économique qu'écologique. Mais, une fois détricotée, elle montre de vilaines frisures. Enroulez-la autour de bouteilles de plastique vides, puis remplissez-les d'eau très chaude. Le lendemain, la laine aura retrouvé son bel aspect lisse.

Pelote deux-en-un

Jacqueline Roland, formatrice pour aides-ménagères

« Lorsque je dois tricoter à deux fils, je prépare toujours à l'avance une pelote unique. Je joins le bout de mes deux laines et je les enroule, comme pour faire une grosse balle, en variant de temps en temps le sens de l'enroulement. Ainsi, je ne risque pas que mes fils s'emmêlent quand je tricote. »

Sans bouloches

Difficile de se débarrasser des bouloches qui s'agrippent à vos lainages. Enfilez un vieux bas sur votre brosse à habits : quand vous l'utiliserez, les bouloches s'accrocheront au bas. Si votre pull n'est pas trop fragile, vous pouvez également utiliser un rasoir jetable. Efficace, mais plus agressif…

Angora bien frappé

Envie de douceur ? Votre pull en angora vous en donnera. Mais, s'il perd ses poils, il vous irritera… Pour que cela n'arrive plus, avant de le porter, placez-le dans un sac en plastique, fermez et entreposez-le quelques jours au réfrigérateur.

Faites glisser la glissière…

Ne restez pas coincé avec votre fermeture Éclair… Prenez une bougie blanche (ou, à défaut, un morceau de savon de Marseille) et frottez-en ses dents. Zzzip, ça glisse tout seul !

Séchage express

Vous souhaitez accélérer le séchage d'un vêtement délicat (lingerie, cuissard de cycliste, maillot de bain…) que vous avez pris soin de laver à la main ? Utilisez votre essoreuse à salade !

Ruser

Chromes étincelants

Vous voulez que les chromes de votre voiture étincellent ? Sortez du garage et entrez dans la cuisine. Prenez un peu de soda à base de cola, humectez-en un chiffon et frottez. L'acide phosphorique qu'il contient est en effet un excellent décapant. Passez ensuite de l'eau chaude pour retirer toute trace de sucre et séchez au chiffon doux.

Détachant antigoudron

Inutile d'acheter un produit coûteux pour enlever les traces de goudron sur une carrosserie... Un simple spray détachant pour le linge fera merveille.

+

Martin Louis, carrossier

« Pour nettoyer les jantes, j'utilise du décapant pour four. C'est moins cher qu'un produit spécialisé et plus efficace. Quant aux protections plastiques extérieures, je les frotte avec un simple chiffon imbibé de fioul. Le résultat est spectaculaire. »

Plus d'abus de buée

Vous roulez et la buée envahit votre pare-brise... Vous lâchez le volant d'une main pour saisir un chiffon, vous tentez d'essuyer, elle se reforme aussitôt, vos mouvements deviennent de plus en plus grands... les risques d'accident aussi ! Pour ne pas en arriver là, agissez en prévention ! Avant de partir, enduisez la surface intérieure de votre pare-brise et de vos vitres avec de l'alcool à 90°. Ou encore, passez-y du liquide vaisselle. Essuyez ensuite avec un chiffon sec. La surface traitée deviendra trop glissante pour fixer la vapeur d'eau et la buée ne pourra pas se former.

Bouchons isolants

En hiver, pour éviter que le gel ne déchire les joints des essuie-glaces, je glisse sous chacun d'eux un bouchon qui les isole de la vitre.

Martin Louis, carrossier

« C'est une bonne idée. Et, toujours pour éviter les méfaits du gel qui abîme les joints de portières, je conseille d'appliquer un coton enduit de glycérine. Ils resteront bien souples et comme neufs. »

Lave-vitre économique

Vous pouvez remplacer avantageusement le liquide lave-vitre de votre voiture par de l'eau, additionnée de 1/5 d'alcool à brûler.

Pour ne pas rouler crevé

Quand on crève à vélo (ou à moto), il faut souvent rouler sur plusieurs kilomètres avant d'atteindre le point de réparation le plus proche. Et on risque d'endommager la jante ! Pour la protéger, arrachez quelques poignées d'herbe et remplissez-en votre pneu. Elle servira de coussin pour amortir les plus gros chocs.

Les produits fétiches

Ils savent (presque) tout faire. Économiques et écologiques, le bicarbonate de soude et le vinaigre blanc sont les meilleurs alliés des fées du logis. Mode d'emploi.

Le bicarbonate de soude

Il récure...

Biodégradable, facile à rincer, il remplace avantageusement une poudre à récurer. Simplement saupoudré sur une éponge humide, il nettoie sans rayer ; en pâte (obtenue en mêlant poudre et eau), il dégraisse à fond.

les casseroles

Versez dans une casserole vraiment encrassée un verre d'eau, un demi-verre de vinaigre blanc et 2 cuillerées à soupe de bicarbonate. Faites bouillir un quart d'heure, puis rincez.

les grilles

Pour dégraisser à fond les grilles de barbecue et de four, les ronds de cuisinière... mélangez 3 cuillerées de bicarbonate avec une d'eau, appliquez, frottez un peu, rincez.

le béton

Si vous avez renversé de l'huile sur du béton, mouillez la tache avec de l'eau, saupoudrez généreusement de bicarbonate et frottez avec une brosse à poils durs, puis rincez à grande eau. Si nécessaire, recommencez jusqu'à disparition complète de la tache.

les phares et essuie-glaces

Une éponge humide enduite de bicarbonate nettoiera insectes et autres saletés collés aux phares de voiture, sans risque de les rayer. Même traitement sur les balais d'essuie-glace, ce qui leur évitera d'écorcher le pare-brise.

Il assainit...

les légumes et les fruits

Faites-les tremper pendant une dizaine de minutes dans une bassine d'eau additionnée de bicarbonate (compter une cuillerée à café pour un litre). Rincez.

le réfrigérateur

Mettez 3 cuillerées à soupe de bicarbonate de soude dans un bol d'eau chaude. Passez une éponge, rincez, essuyez (avec une peau de chamois ou du papier absorbant).

les éponges

• Trempez-les dans un mélange d'eau tiède et de bicarbonate, puis rincez.

• Assez chère à l'achat, mais si efficace, votre peau de chamois mérite tous vos soins. Offrez-lui de temps en temps un petit bain d'eau très savonneuse, additionnée de 2 cuillerées de bicarbonate de soude. Frottez, rincez et faites sécher à l'ombre.

les brosses à cheveux

Dans une bassine d'eau, diluez 4 cuillerées à soupe de bicarbonate. Faites-y tremper toute une nuit, vos brosses à cheveux, à ongles et autres accessoires de beauté. Au matin, rincez bien et laissez sécher.

les matelas

Le bicarbonate bloque le développement des allergènes d'acariens. Saupoudrez le matelas (environ 4 cuillerées à soupe pour 120 cm), brossez pour faire pénétrer et laissez agir quelques heures. Passé ce temps, donnez un bon coup d'aspirateur.

les tapis

Remplissez une bassine d'eau tiède à laquelle vous ajoutez 3 cuillerées à café de bicarbonate. Étalez avec une brosse et rincez. S'il reste une tache, enduisez-la directement de poudre et frottez. Rincez à nouveau. Autre intérêt de l'opération : le bicarbonate ravive les couleurs.

les moquettes

Saupoudrez votre moquette de bicarbonate de soude et laissez agir pendant une demi-heure. Puis passez l'aspirateur.

Il fait briller

les couverts

Pour nettoyer vos couverts en argent (fourchettes et cuillers, mais pas les couteaux), tapissez l'intérieur d'une bassine de papier d'aluminium, remplissez d'eau bouillante additionnée de 45 g de bicarbonate et laissez tremper une dizaine de minutes. Rincez à l'eau courante puis séchez au chiffon doux.

le métal

Mélangez 4 cuillerées à soupe de bicarbonate et 2 tasses de cendre de bois. Ajoutez la quantité d'eau nécessaire pour obtenir une pâte. Avec une éponge humide frottez vos inoxydables, le chrome, le cuivre, l'argent ou l'or. Rincez et séchez.

Il désodorise

le corps

Il ne bloque pas la transpiration mais il freine sa fermentation, responsable des odeurs. Neutre, il peut remplacer un déodorant utilisé pour les aisselles, ou les pieds. Sur une peau propre et légèrement mouillée, frottez doucement avec la paume de la main saupoudrée d'une petite quantité de bicarbonate.

le linge

Les odeurs de transpiration peuvent aussi résister au lavage des vêtements. Pour les éradiquer, jetez 2 ou 3 cuillerées au milieu de votre linge quand vous le mettez

Les produits fétiches

dans le tambour de votre machine, et procédez normalement à votre lessive.

la voiture

Semez un peu de poudre sur les tapis, les sièges et dans le coffre de votre voiture. Attendez au moins une demi-heure avant de passer l'aspirateur. Si une mauvaise odeur subsiste, recommencez.

Si vous fumez, videz vos cendriers et mettez-y une bonne pincée de bicarbonate. Attendez quelques heures avant de les vider à nouveau.

les chaussures

Soufflez un nuage de poudre à l'intérieur de vos chaussures. Après quelques heures, secouez-les en les retournant et éventuellement (selon leur forme), passez un coup de brosse.

les litières des chats

Avant de poser la litière, déposez une fine couche de bicarbonate sur les parois du bac. Entre deux changements, vous pouvez aussi en verser directement une cuillerée sur la litière.

tout ce qui peut incommoder

Mettez une ou deux grosses pincées de bicarbonate dans une coupelle simplement posée à l'endroit où vous voulez neutraliser les odeurs (sous l'évier, dans le réfrigérateur, dans l'armoire à chaussures, à la cave, au garage, dans le local à poubelles...).

À changer une ou deux fois par semaine.

Il adoucit

les aigreurs d'estomac

Le bicarbonate neutralise l'acidité. Mettez-en une cuillerée à café dans un verre d'eau et avalez. Ne pas utiliser de façon prolongée sans avis médical.

les aphtes

Trempez un coton-tige dans un peu de poudre et tamponnez l'aphte.

l'eau du bain

Si vous ajoutez une demi-tasse de bicarbonate à l'eau de votre bain, elle deviendra toute douce... et votre peau aussi.

le feu du rasoir

Remplissez la moitié d'un bol d'eau tiède et ajoutez une cuillerée à café de bicarbonate. Remuez et aspergez votre visage de cette dilution, avant et après rasage. Votre peau, adoucie, sera protégée du feu du rasoir.

le linge

Le bicarbonate neutralise l'action du calcaire et peut donc remplacer un adoucissant. Et, si vous l'ajoutez directement à de la lessive liquide, il en augmentera l'efficacité.

l'eau de cuisson

Une bonne pincée de bicarbonate dans l'eau bouillante accélère la cuisson des lentilles, pois chiches et autres légumes secs à peau résistante. Difficile de calculer l'économie de temps : elle varie selon différents facteurs, dont la dureté de votre eau du robinet.

Le vinaigre blanc

Il est acide ! Autrement dit, il détruit le calcaire. C'est donc une arme de choc pour détartrer, mais aussi dégraisser, désinfecter, faire briller, désodoriser, adoucir...

Il détartre

les robinets

Laissez-le agir, il le fait si bien ! Pour détartrer un robinet dont la base est très calcifiée, emballez-le dans un mouchoir ou une serviette en papier que vous aurez imprégné de vinaigre. Laissez quelques heures ou toute une nuit, déballez et, oh ! ça brille !
Vous pouvez aussi saupoudrer le robinet de bicarbonate et l'asperger de vinaigre blanc. Frottez ensuite à l'éponge.

les carreaux de salle de bains

Pour garder des carreaux brillants, frottez-les avec une éponge trempée dans un mélange de vinaigre blanc et d'eau que vous aurez fait chauffer. Une fois par semaine suffit.

une carafe en cristal

Remplissez la carafe de vinaigre blanc chaud avec des coquilles d'œufs pilées. Laissez agir toute une nuit et le lendemain, remuez activement la carafe 2 minutes, puis videz le mélange (dans la cuvette des W.-C., qui profitera ainsi du coup d'éclat). Rincez à l'eau tiède et essuyez.

un cadre doré

On parle ici d'un cadre recouvert de peinture... pas de dorure à la feuille ! Dans ce cas, tamponnez avec un coton imbibé de vinaigre.

l'argenterie

Même piquée de taches noires, votre argenterie retrouvera son éclat si vous la plongez 10 minutes dans un bain de vinaigre bouillant.

Il décape

les casseroles attachées

Mélangez en égales proportions du produit de vaisselle et du vinaigre blanc, et ajoutez une cuillerée à soupe de sel. Déposez cette mixture sur une éponge à récurer, et frottez votre casserole. Rincez.

Il nettoie

un sol avec du plâtre

Après des travaux, le plâtre laisse des traces blanchâtres sur le sol, qui réapparaissent après le passage de la serpillière. Il suffit d'ajouter du vinaigre à l'eau de lavage pour que les traces s'effacent comme par enchantement.

Arroser Chasser Ruser Fleurir Jardin Conserver Entretenir Plantes vertes

Arroser Chasser Ruser Fleurir Jardin Conserver Entretenir Plantes vertes

Plantes, jardin

Pas besoin de sortir pour se mettre au vert ! Avec nos préceptes faciles à suivre – même si vous devez vous absenter –, vos plantes donneront le meilleur d'elles-mêmes. Et si vous avez la chance de posséder un jardin, laissez-vous guider par une agronome adepte des cultures raisonnées.

Arroser

Pour toutes les soifs

L'idée est toute simple. Récupérer une bouteille en plastique, découper son fond et la planter, goulot vers le bas, au pied de la plante. À moduler selon ses besoins en eau.

• Si vous voulez bien arroser ses racines – ce qui est souhaitable pour la plupart des plantes, ôtez d'abord le bouchon, et la bouteille fera office d'entonnoir pour diriger l'eau là où il faut.

• Si au contraire votre plante a besoin d'un arrosage au goutte-à-goutte, conservez le bouchon et percez-le avec une aiguille. Il vous suffira de remplir régulièrement la bouteille, et l'eau sera instillée par cet orifice.

Bain complet

Vous avez négligé votre chlorophytum ? Et maintenant il boude dans son coin, la mine pâle et la feuille tombante… Montrez-lui que vous savez toujours être aux petits soins pour lui… Faites-lui prendre un grand bain ! Immergez-le dans votre évier ou dans votre baignoire et remplissez d'eau de façon qu'elle affleure la surface de la terre. Heureux d'avoir été si bien compris, il va sans doute émettre de petites bulles de satisfaction. Attendez qu'elles aient totalement cessé de se former pour le sortir du bain. Et le voilà tout revigoré…

Zéro stress

Les plantes aiment la douceur… y compris dans leur eau. Si celle qui coule de votre robinet contient trop de calcaire, neutralisez-le ! Versez quelques gouttes de citron ou de vinaigre blanc dans votre arrosoir.

Carole Benoit, enseignante en agronomie

« L'eau du robinet contient aussi du chlore, néfaste pour les plantes. Avant d'arroser, il est donc conseillé de la faire couler d'abord dans une bouteille de verre qu'on laissera ouverte pendant au moins une heure. L'eau sera débarrassée de son chlore et elle sera à température ambiante. La plante ne ressentira donc pas le stress que pourrait produire un arrosage trop froid. »

Ambiance tropicale

Quand l'air est trop sec, les plantes s'étiolent. Sans transformer votre appartement en serre, vous pouvez tout de même les plonger de temps en temps dans une ambiance tropicale. Mettez en route votre cocotte-minute et, dès que la vapeur s'échappe, transportez-la à leurs pieds… Vos ficus et autres cactées vont adorer.

Œuvre de salubrité

Ne laissez pas l'eau croupir dans les soucoupes de vos plantes : les germes s'y multiplient et peuvent freiner le développement des feuilles. Videz-les dès le lendemain d'un arrosage.

En cas d'absence…

Un simple sac en plastique transparent, d'une taille supérieure à celle de votre plante, lui suffira pour se passer de vous quelques jours. Arrosez-la d'abord abondamment, égouttez bien son pot, puis placez-la dans le sac, que vous refermez par le haut. Attention, ses feuilles ne doivent pas toucher le plastique.

Si votre absence doit se prolonger au-delà d'une semaine, recourez au système des mèches d'irrigation. Regroupez vos plantes et installez parmi les pots, un peu en hauteur, une bassine d'eau. Découpez (dans une serpillière par exemple) autant de bandes de coton que de pots, plongez une extrémité de chaque bande dans l'eau, et plantez l'autre extrémité dans la terre. L'eau suivra par capillarité le chemin des mèches…

Entretenir

Croissance dopée

Au moment de rempoter une plante devenue trop grande pour son pot, donnez quelques coups de sécateur dans l'entrelacs des racines que vous trouverez au fond de la motte de terre. Elle pourra alors se déployer bien plus facilement dans son nouvel espace.

Le plein de vitamines

• Pour une croissance harmonieuse de vos plantes, offrez-leur une cure de sels minéraux : arrosez-les de temps en temps avec l'eau de cuisson de vos légumes que vous aurez laissé refroidir. Et, pour vous comme pour elles, ayez la main légère sur le sel ! L'eau dans laquelle vous avez fait cuire des œufs est également très riche en calcium et autres éléments minéraux… Faites-en profiter vos plantes !

• Si vos plantes ont besoin d'une véritable cure de choc, récupérez des algues chez un poissonnier, rincez-les un peu, hachez-les grossièrement et incorporez-les à votre terre au moment de rempoter.

+

Romain Dupuis, jardinier

« Moi, quand, je rempote, je mélange un peu de marc de café au terreau. Ou alors j'en dispose une couche à la surface. C'est nourrissant… et ça éloigne les petits moucherons… »

+

Carole Benoit, enseignante en agronomie

« Le marc contient des matières organiques bénéfiques pour les plantes. Il a aussi l'intérêt de retenir l'eau. On peut également ajouter directement à la terre des sachets de thé utilisés, mais à condition qu'il soit bio… »

Bien passer l'hiver

Certaines plantes peuvent passer l'hiver sur un balcon ou une terrasse… mais elles ont tout de même besoin que vous les protégiez. Regroupez-les et posez-les soit sur une palette, soit sur de petites cales en bois pour les isoler du sol, qui peut être glacial. Toujours pour les isoler, emballez leur pot dans une couverture ou, mieux, dans du papier bulle. Et protégez leurs feuilles avec du voile d'hivernage.

Entretenir

De l'huile antigel

Un pot en terre cuite, c'est naturellement beau. Mais c'est fragile ! Et un coup de gel peut le fendre. Protégez-le en le badigeonnant à l'extérieur avec de l'huile de lin. Nourri et imperméabilisé, il sera plus costaud pour affronter les frimas.

Bons tessons

Même cassé, un pot peut encore se mettre au service de vos plantes. Utilisez ses tessons pour tapisser le fond de vos bacs ou jardinières. Le drainage en sera facilité et les racines ne risqueront pas de se détremper ou de pourrir.

Coup d'éclat

Les feuilles de vos plantes d'appartement sont devenues ternes ? Armez-vous d'un peu de patience et d'un chiffon légèrement imbibé de bière (ou de lait), puis lustrez-les doucement. Pour vous donner du cœur à l'ouvrage, dites-vous que vous ne travaillez pas seulement pour le plaisir de l'œil : les plantes respirent en partie par leurs feuilles et se sentent donc mieux quand on les débarrasse des graisses et poussières qui les encombrent. Elles apprécieront d'ailleurs une bonne douche de temps en temps. N'hésitez donc pas à leur faire profiter d'une petite pluie d'été ou du pommeau de votre baignoire.

Miniserres

Certains fruits, comme le kiwi, se vendent dans de petites barquettes en plastique avec couvercle. Conservez-les pour les transformer en petites serres, à persil par exemple. Avec une aiguille chauffée, piquez le fond, une seule fois, et disposez du terreau de semis. Plantez les graines plus ou moins espacées en fonction de la plante, recouvrez et tassez. Quinze à vingt jours plus tard, vos pousses seront prêtes à être transplantées. Soulevez-les délicatement – attention : racines fragiles ! – et glissez-les dans la terre du nouveau bac où, avec un crayon, vous aurez fait des trous pour les accueillir.

Remettez le couvert !

Plutôt que d'acheter (cher !) des mini-outils de jardinage, recyclez vos vieux couverts. Une cuillère pour rempoter, une fourchette pour ratisser, un couteau pour planter… feront parfaitement l'affaire.

Fleurir

Pour que dure un bouquet...

d'hortensias

Si vous épluchez les queues de vos hortensias, l'eau pénétrera facilement dans les tiges et vous garderez votre bouquet plus longtemps.

de coquelicots

Sitôt que vous avez cueilli des coquelicots, approchez la flamme d'un briquet au bas de leur tige. Ce traitement leur permettra de garder leur éclat plus longtemps.

de lilas

Les fleurs évoquent naturellement la douceur, et pourtant un bon petit coup de marteau ne leur fait pas de mal. C'est en tout cas vrai pour les lilas et autres fleurs d'arbustes aux tiges couvertes de fine écorce. Écraser le bas de leur pied avant de les plonger dans un vase prolonge leur durée de vie.

+

Anita Valladon, fleuriste

« Si vous ne mettez que très peu d'eau dans votre vase, les tulipes resteront bien droites. Un conseil applicable à toutes les fleurs à tige creuse. C'est vrai, mais moi, je préfère fendre légèrement le bas de leur tige, sur 5 à 10 cm, selon leur hauteur. »

de tulipes

Les tulipes ont une fâcheuse tendance à ployer sous le poids de leur fleur. À l'aide d'une aiguille, transpercez leur tige, juste sous la corolle.
Au bout de quelques secondes, vous les verrez retrouver toute leur majesté, comme par magie.

de roses

Vos roses piquent du nez ? Pour les sauver, coupez très légèrement l'extrémité de leur tige en biais et plongez les fleurs entières dans une bassine (voire dans une baignoire, en fonction de leur taille) d'eau chaude. Laissez-les tremper jusqu'à refroidissement. Égouttez et recomposez votre bouquet : vos roses auront retrouvé toute leur fraîcheur !

Élise Julien, décoratrice d'intérieur

« Dans un bouquet, le feuillage dure beaucoup plus longtemps que les fleurs. Lorsque celles-ci sont fanées, je les jette mais je garde la verdure, dont je coupe le bout. Je change de vase et je recompose un bouquet en y mêlant quelques fleurs de saison que je trouve au jardin ou que j'achète au marché. »

Parole de pro

De la fraîcheur avant toute chose

Anita Valladon, fleuriste

« La tenue d'un bouquet dépend avant tout de la qualité et de la fraîcheur du produit : sachez donc choisir la bonne boutique. Préférez les magasins où il y a peu de fleurs, c'est généralement le signe que le stock est renouvelé souvent (2 ou 3 fois par semaine).

Ensuite, changez souvent l'eau de votre vase (tous les 2 jours, voire tous les jours s'il fait très chaud). Si la température de votre pièce est élevée, vous pouvez mettre quelques glaçons dans le vase. La nuit, entreposez le bouquet dans une pièce non chauffée, ou placez-le dehors s'il ne fait pas trop froid (pas au-dessous de - 5 °C). Bien entretenu, un bouquet embellira votre maison durant deux semaines ! »

Chasser...

Cocktails maison, pulvérisations, remèdes anciens... Voici quelques armes contre les petites bêtes qui menacent nos plantations...

... les limaces

• Pour empêcher limaces et escargots de s'intéresser de trop près à vos plantations, installez quelques récipients remplis de bière là où ils sont indésirables. Ils s'en gorgeront et périront.

• La cendre de bois tout comme la sciure constituent un obstacle infranchissable pour les mollusques. On en met simplement au pied de la plante ou on creuse une petite rigole que l'on remplit de cendre (ou de sciure) tout autour des plantations à protéger. Mais la cendre n'est efficace que si elle est bien sèche. Après une pluie... ou un arrosage, il faut la changer.

Romain Dupuis, jardinier

« Au printemps (en avril-mai), j'aime bien planter quelques pieds d'œillets d'Inde au milieu de mes légumes. L'odeur de leurs feuilles et de leurs racines repousse les insectes. Et ils font des fleurs jusqu'en automne. »

... le ver des poireaux

Disposez des demi-coquilles d'œufs, partie arrondie sur le sol, dans vos rangs de jeunes poireaux. Les papillons (appelés teigne du poireau) viendront y pondre leurs œufs. Il faudra donc que vous changiez régulièrement vos coquilles et, surtout, que vous les détruisiez bien...

... les pucerons

• Mélangez 20 g d'ail haché et 20 ml d'huile végétale et laissez macérer pendant 24 heures. Ajoutez un litre d'eau chaude et 10 ml de savon biodégradable. Diluez ce concentré dans 4 fois son volume d'eau et versez au pied des rosiers et plants de tomates.

• Dans un 1/2 litre d'eau chaude, diluez une cuillerée à café de savon noir, une de glycérine et une d'alcool à 70°. Remuez et laissez refroidir. À vaporiser chaque jour pendant 2 semaines.

Sus au mildiou…

Le mildiou, ça peut facilement vous pourrir une récolte de tomates. Alors, mieux vaut prévenir et ne pas se laisser envahir par ce minuscule champignon.

• Au moment du repiquage, mettez d'abord, dans le trou prévu pour le pied, un peu de feuilles d'ortie grossièrement hachées, en veillant à ne pas les mettre en contact avec les plantes.

• Dès l'apparition des premières fleurs sur les pieds de tomate, transpercez le plant, à deux centimètres du sol, avec un fil de cuivre, et reportez une extrémité du fil dans la terre sur une profondeur de 3 à 4 cm.

Le mildiou est en effet provoqué par une algue, ce qui explique son extrême sensibilité au cuivre.

Carole Benoit, enseignante en agronomie

« Contre les doryphores plantez du lin, contre le mildiou des œillets, et contre les vers de framboise des myosotis… Mais il faut les planter en quantité. Contre les pucerons, le ver de la carotte et du poireau et toutes sortes de larves ou de chenilles, la feuille de rhubarbe, préparée en décoction, est une arme redoutable. Elle contient de l'anthrone, produit toxique, mais que l'on peut utiliser en insecticide. Portez à ébullition un litre d'eau pour 100 g de feuilles et laissez frémir quelques minutes. Arrêtez le feu et laissez décanter pendant une demi-heure. Filtrez et pulvérisez, sans diluer, de préférence le matin ou en fin de journée (évitez les jours de pluie, de vent et de grand soleil). »

Paulette Marin, conseillère en économie sociale et familiale

« Oui, le cuivre est très efficace. Nous, nous avons l'habitude de déposer des coquilles d'œufs écrasées contre les pieds de tomates. C'est simple et ça marche bien. »

… aux doryphores

Le lin est un répulsif contre le doryphore. Plantez quelques graines parmi les pieds…

Chasser

Déjeuner sur l'herbe

Que ce soit sur l'herbe ou sur la terrasse, manger dehors, c'est le début du bonheur… Ne laissez pas les bestioles gâcher cet instant. Semez une poignée de clous de girofle sur la couverture, la nappe ou sur la table, vous les éloignerez. Particulièrement efficace contre les guêpes.

Contre les vols d'oiseaux

• Pour empêcher les oiseaux de dévorer vos grappes de raisin, suspendez sous la treille deux ou trois bouteilles de plastique coupées en deux et déposez-y des boules de naphtaline.

• Si ce sont vos cerises qui attirent irrésistiblement les merles et autres voleurs, accrochez des tubes métalliques aux branches de l'arbre à protéger : prenez une ou deux boîtes de conserve dont vous retirez le fond et le couvercle, ainsi que l'étiquette. L'éclat du soleil sur le métal mais aussi le bruit du vent s'engouffrant dans les tubes, tiendront les opportuns à l'écart.

Carole Benoit, enseignante en agronomie

« Pour empêcher les oiseaux de picorer mes cultures, je préfère… les nourrir ! Je leur prépare des nichoirs, où je mets une boule de graisse et des graines de tournesol… Ils choisiront cette nourriture, et délaisseront mes plantations. »

• Si ce sont des graines que les volatiles veulent picorer, vous avez bien sûr la solution de jeter un voile ou un filet sur vos semailles. Mais vous pouvez aussi, d'un geste auguste, lancer deux ou trois poignées de poivre juste après avoir semé. Il les éloignera.

Les ennemis de nos ennemis sont nos amis

Parole de pro

Carole Benoit, enseignante en agronomie

« Les jardiniers disposent de nombreux auxiliaires dans la nature et il faut à tout prix apprendre à les connaître et à les protéger. Ainsi, le carabe est un allié particulièrement précieux, car il est carnivore. Autrement dit, il peut dévorer des limaces, des escargots ou même certains insectes comme les pucerons par exemple, mais il ne s'attaque pas du tout aux végétaux. Bien sûr, il peut aussi manger nos indispensables vers de terre, mais ces derniers sont généralement suffisamment nombreux. Non seulement il ne faut pas combattre ce coléoptère courant dans nos jardins, mais il faut le protéger et lui prévoir des bûches de bois qui lui serviront d'abri. Et, si l'on parle des alliés du jardinier, on ne peut pas ne pas citer les lombrics, qui, en digérant la terre, l'ameublissent, l'enrichissent, puisqu'ils libèrent des éléments nutritifs et la rendent propice aux cultures tout en la protégeant des parasites. Ils méritent bien quelques égards : pour eux, évitons les pesticides et travaillons le sol en superficie, sans retournement. »

Arroser

Filtre à eau

Comment arroser avec une eau gratuite, pure et toujours à température ambiante ? En utilisant de l'eau de pluie, bien sûr. Si vous avez bricolé vous-même votre récupérateur à partir d'une citerne par exemple, vous avez déjà déploré la présence de feuilles mortes, brindilles et autres insectes. Sauf si vous avez mis en œuvre cette astuce : disposer et fixer une toile fine (ancien rideau en voilage, par exemple) sur le dessus de votre récupérateur.

Arrosage au goutte-à-goutte

Économique en eau, idéale pour les plantes, qui reçoivent en continu leur juste dose en eau, l'irrigation au goutte-à-goutte est aussi la méthode la plus reposante pour le jardinier astucieux.
En témoignent ces deux exemples.

• Ne mettez pas au rebut ce vieux tuyau sous prétexte qu'il est percé... Il saura encore arroser votre haie en respectant les principes écologiques. Déroulez-le et percez un trou avec un clou au niveau de chaque arbuste. Reliez une extrémité à un point d'alimentation d'eau, bouchez l'autre extrémité, et tournez le robinet. Voilà. Votre système d'irrigation au goutte-à-goutte fonctionne.

• Même quand le vin a été bu, son cubitainer présente encore deux atouts : il garde sa belle contenance (10 l, 20 l, voire 30 l) et il est doté d'un petit robinet. Pour l'utiliser, rincez-le, remplissez-le d'eau et posez-le au pied d'un jeune arbre que vous voulez entourer de soins continus. Ouvrez doucement le robinet et... laissez faire. Votre arbre bénéficiera d'un goutte-à-goutte pendant plusieurs jours... Ensuite, il vous suffira de recharger d'eau votre cubitainer.

Cure de kératine

Vous voulez favoriser la croissance de ce jeune arbre, encore bien chétif… Enterrez à son pied des cheveux, des ongles, des poils de chien ou encore des plumes d'oiseau. Non, vous n'êtes pas dans une cérémonie vaudoue… La kératine contenue dans ces phanères va, scientifiquement, favoriser le développement de la plante.

Sous haute protection

Une fois vide, une grosse bouteille d'eau de 5 litres reste précieuse. Si vous coupez son goulot, vous pouvez l'utiliser pour protéger de jeunes plants. Et, si vous voulez qu'ils respirent, percez simplement son fond.

La tête dans le sable

Pour éviter que râteaux, pelles et autres sécateurs ne rouillent pendant l'hiver, plantez-les, tête en bas, dans un seau rempli de sable.

Plus d'un tour dans son sac

Le sac de terreau, au plastique souple et solide, est plein de ressources, à condition de l'ouvrir soigneusement : prenez un cutter et coupez la soudure du haut, puis, lorsqu'il est vide, celle du fond. Ensuite, dépliez-le pour obtenir une belle surface. Elle sera idéale pour tapisser une jardinière non étanche (sur le dessus, vous replierez les bords de façon à cacher la face imprimée et à ne montrer que la face noire, puis vous donnerez quelques coups d'agrafeuse pour une plus jolie finition). Ces feuilles sont aussi très pratiques pour le paillage. Cette technique consiste à déposer aux pieds des plantes une couche de matériaux organiques, minéraux ou, comme ici, plastiques afin de protéger le sol et de ne pas le laisser à nu (ce qui serait contraire à sa nature…).

Ruser

Les feuilles mortes se ramassent à la bâche

Quand il s'agit de ramasser des feuilles mortes et de les porter jusqu'à l'endroit où vous voulez les brûler (ou les composter), la brouette semble soudain manquer de capacité... Utilisez plutôt une bâche ou un vieux drap que vous étalez par terre. Déposez-y les feuilles mortes, puis rabattez les coins, juste avant de traîner ce gros balluchon qui peut tout contenir !

À bas les souches

Une fois l'arbre abattu, sa souche peut se montrer bien encombrante. Pour accélérer son pourrissement, faites des trous à la perceuse, insérez des gousses d'ail frais et... le tour est joué !

Hortensias 100 % azur

Si vous trouvez vos hortensias bleus un peu pâlichons, ravivez leur teint. Enterrez à leurs pieds quelques clous rouillés, ou encore quelques débris d'ardoise. Ils retrouveront toute leur intensité.

Bien au sec

De plus en plus de produits (textiles, alimentaires ou pharmaceutiques) sont vendus avec de petits sachets de gel de silice destinés à les maintenir au sec. Conservez-les précieusement et glissez-les dans vos sachets de semences, qui craignent tant l'humidité.

Désherbage écolo

Pas besoin de sortir la machine de guerre pour détruire quelques mauvaises herbes qui poussent entre deux dalles ou sur une petite surface. Faites bouillir une casserole d'eau, ajoutez une poignée de sel et versez sur les indésirables. On peut aussi utiliser l'eau de cuisson des pommes de terre : leur peau contient de la solanine, substance toxique et désherbant efficace.

Arrosage sur mesure

Sans la pomme, l'eau de votre arrosoir tombe trop dru sur votre ligne de légumes encore tout fragiles. Avec la pomme, l'eau est largement diffusée et irrigue en douceur vos cultures… mais aussi la terre lointaine qui n'en a pas besoin. La solution ? Remplacer la pomme par un court tuyau (1 mètre maximum) que vous avez percé au clou tous les 5 cm. Seuls vos petits légumes seront arrosés… Et avec douceur ! Économie et efficacité…

Pousses éclairs

Avant plantation au jardin, découpez de petits carrés dans une feuille d'aluminium et percez-les au milieu. Posez-les sur la terre et maintenez-les en recouvrant leurs bords de terre ou de cailloux. Plantez vos pousses dans les trous. Grâce à la réverbération du soleil, la croissance sera plus rapide et les nuisibles tenus à l'écart.

Tomates home made

Sélectionnez une tomate sans défaut et bien mûre et coupez-la en deux, à l'horizontale. Avec une cuillère, prélevez le jus et les graines, que vous versez dans un bol. Recouvrez d'un film étirable, percez quelques trous et oubliez-le quelques jours à température ambiante. Vous le retrouvez avec une couche de moisissures ? Tant mieux ! Retirez le moisi et versez le reste dans une passoire fine. Rincez à l'eau froide et ôtez doucement à la main la couche gélatineuse qui entoure les graines. Égouttez-les et étalez-les sur un papier absorbant pour les faire sécher quelques jours. Sélectionnez les plus belles graines (elles sont recouvertes d'un léger duvet) et conservez-les jusqu'aux semailles.

Dormir Secourir Guérir Prévenir Soulager
Prévenir Santé Intervenir

Dormir Secourir Guérir Prévenir Soulager
Prévenir Santé Intervenir

Santé, beauté

Nos grands-mères n'avaient pas la chance de bénéficier des époustouflants progrès de la médecine et des recherches en matière de produits cosmétiques... Mais certains de leurs remèdes s'avèrent toujours aussi efficaces. Alors quand ils sont, comme ici, validés par des professionnels de la santé et de la beauté, il n'y a vraiment aucune raison de ne pas en profiter.

Dormir...

... sans crampe

Glissez un morceau de savon de Marseille au fond de votre lit, vous éviterez la crampe nocturne. Le potassium qu'il contient serait en effet libéré par la chaleur du corps sous les draps... Or, la crampe est liée à un manque de potassium (voir aussi le sport sans crampe, p. 95).

Dr Jean-Pierre Lecerf, médecin généraliste

« C'est un conseil que je donne moi-même à mes patients. Mais je ne vois pas quelle explication médicale fournir. D'abord, personne ne souffre d'un déficit de potassium, hormis les patients sous traitement diurétique. Et puis, on ne voit pas comment le potassium contenu dans un savon pourrait être absorbé par l'organisme. Reste que l'astuce est efficace dans 50 % des cas... et qu'elle mérite donc d'être essayée. »

... sans toux

Dormir dans une chambre où l'air est trop sec peut irriter les bronches et provoquer une toux, surtout chez les enfants, souvent plus sensibles à ce phénomène. Alors, pour un sommeil de bébé, humidifiez ! Si vous n'avez pas d'appareil spécifique, sortez votre cocotte-minute un peu avant l'heure du coucher. Faites-y bouillir de l'eau, puis rendez-vous dans la chambre et lâchez la vapeur.

Pascale Marigomez, infirmière

« C'est une bonne idée. On peut également utiliser une simple casserole dans laquelle on aura fait bouillir de l'eau avec deux ou trois feuilles d'eucalyptus. Dans ce cas, laissez la casserole dans la chambre toute la nuit. »

... sans ronflement

Bien souvent, dormir à côté d'un ronfleur (ou d'une ronfleuse !), ce n'est pas de tout repos. Avant d'en arriver à des solutions radicales, essayez les méthodes douces, qui marchent parfois. Vérifiez si l'air de la chambre n'est pas trop sec. Au besoin, humidifiez-le (voir p. 92). Et, étant donné qu'on ronfle généralement sur le dos, remuez doucement le gêneur et faites en sorte qu'il adopte une position en chien de fusil.

... sans stress

Pour une nuit plus calme, on peut boire une tisane, bien sûr. Mais on peut aussi la prendre... en bain. Remplissez votre baignoire d'eau chaude et versez-y une infusion de fleurs de camomille. Si vous gardez un enfant un peu agité le soir, offrez-lui ce traitement... il passera une nuit sereine. Et vous aussi !

Pascale Marigomez, infirmière

« C'est vrai que la camomille a une action calmante. La lavande est également bienfaisante : on verse d'abord une cuillerée de lait en poudre pour bébé dans l'eau du bain, puis on ajoute quelques gouttes d'huile essentielle. La poudre aura pour effet d'assurer la liaison huile-eau et donc de renforcer l'action de la lavande. »

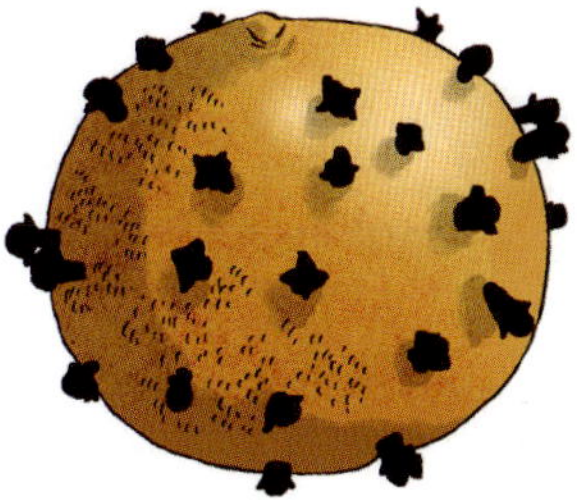

... sans moustique

Plantez une douzaine de clous de girofle dans une orange et posez-la sur votre table de nuit. Votre nuit sera embaumée... et sans moustiques. N'oubliez pas de changer l'orange au bout de trois jours.

Prévenir

Antimoustique dans les bois

Si vous vous baladez en forêt, vous risquez de rencontrer des moustiques… mais aussi des fougères. Ça tombe bien, les secondes vont vous aider à lutter contre les premiers. Coupez une belle feuille de fougère, fendez dans la longueur sa tige centrale, et frottez-en toutes les parties du corps susceptibles d'être piquées (voir aussi « Parcours de santé », p. 104).

Parole de pro

SOS : les bons gestes de survie

André Chevillard, sapeur-pompier, formateur en secourisme

Code : ICE

« Prenez la précaution d'entrer dans le carnet d'adresses de votre téléphone les coordonnées de la personne que vous souhaitez prévenir en cas d'accident. Indexez-les à ICE (In case of emergency – « en cas d'urgence » en français). Policiers, pompiers ou tout autre intervenant de secours connaissent ce code et ont le réflexe d'aller y chercher la personne à contacter dans le portable d'une victime. Passez cette consigne à vos proches, enfants, petits-enfants… Vous vous sentirez plus rassuré. »

Le 112, SOS européen

« En France, pour appeler les pompiers, vous composez le 18. Mais à l'étranger, dans un autre pays de l'Union européenne, c'est le 112, numéro international des centres de secours depuis le 29 juillet 1991. De plus, il existe une convention dans laquelle les États membres se sont engagés à fournir des interprètes à tous les ressortissants de l'Union victimes d'accident. Dans la plupart des cas, on vous mettra en relation avec une personne francophone. Comme le 18, le 112 est un numéro qui doit être disponible partout gratuitement, qu'il soit composé à partir d'un fixe ou d'un portable. »

Une balle pour favoriser la circulation

Vous souffrez de problèmes de circulation et d'un mauvais retour veineux ? Une simple balle de tennis peut venir à votre secours. Placez-la sous un pied et, tout en restant debout (en prenant appui sur une table par exemple), faites-la rouler sur le sol. Après quelques minutes, changez de pied !

Pascale Marigomez, infirmière

« C'est un petit exercice vraiment très efficace. Si vous prenez successivement plusieurs balles de densité différente, en allant du plus mou au plus dur, c'est encore mieux. Vous pouvez aussi utiliser des boules à picots vendues comme jeu pour les animaux. »

Le sport, sans la crampe

Pour faire du sport sans crampe, râpez un peu de savon dans vos chaussures juste avant l'épreuve sportive.

Pascale Marigomez, infirmière

« On sait que la douleur de la crampe est causée par l'acide lactique produit par le muscle lors de l'effort. Pour le contrer, il faut boire de l'eau riche en bicarbonate. Et éviter la caféine sous toutes ses formes, car, en faisant travailler le muscle, elle accélère la production d'acide lactique. »

Prévenir

Du froid contre les crampes

Une crampe vous tiraille la jambe ? Déchaussez-vous, hissez-vous sur la pointe des pieds et marchez lentement sur du carrelage froid.

Pascale Marigomez, infirmière

« C'est vrai, l'action du froid est efficace contre une crampe. Il faut également étirer le muscle au maximum, par exemple en tirant le gros orteil si la crampe est au mollet. »

À vos souhaits

Il est des moments solennels qu'il vaudrait mieux ne pas gâcher d'un « Atchoum ! ». Mais, quand le nez commence à chatouiller, on sent monter en soi une irrépressible envie d'éternuer… On a beau se retenir, se pincer le nez, inspirer profondément, bloquer sa respiration… on sent l'explosion toute proche. Alors essayez, avec toute la surface de votre langue, d'appuyer sur votre palais, comme si vous vouliez le soulever. En principe… c'est efficace.

Un évier ergonomique

Faire la vaisselle, d'accord... la corvée est incontournable. Mais souffrir du dos, ah non ! Or, c'est souvent ce qui arrive quand on reste dans la même position. S'il y a un petit placard sous votre évier, vous voilà sauvé : ouvrez sa porte et posez un pied sur la planchette du bas, située généralement à une dizaine de centimètres du sol. Et de temps en temps changez de pied.

Pascale Marigomez, infirmière

« C'est astucieux. Mais souvent le mal de dos provient aussi d'un évier trop bas, qui oblige à prendre une mauvaise position : dans ce cas, il faut penser à basculer le bassin vers l'avant. »

Voyage serein

La simple idée d'effectuer un long trajet en voiture vous soulève le cœur ? Pas de remède universel pour lutter contre le mal des transports, chacun doit trouver son chemin. Il y a ceux qui ne peuvent voyager que le ventre vide et ceux qui ont au contraire besoin d'un solide repas avant de partir. Mais tous doivent éviter de lire – ne serait-ce qu'une carte routière – et de pencher la tête en avant. Il faut au contraire la relever et fixer un point au loin. On peut aussi essayer de mettre des boules en mousse ou en cire dans les oreilles, ou accrocher quelques brins de persil autour de son cou (à essayer surtout sur les enfants).

Pascale Marigomez, infirmière

« Des odeurs plus fortes, comme celle de la lavande, peuvent prévenir les nausées. Mettez alors une goutte d'essence de lavande derrière chaque oreille. »

Intervenir

Résoudre d'épineux problèmes

Vous avez remarqué ? L'écharde vient rarement se planter bien droite au bout du doigt ou sous le pied. Non, elle préfère s'insinuer sous la peau et son extraction devient alors délicate. La pince à épiler hésite, la victime s'agite et l'opération, qui s'annonçait aisée, tourne au charcutage… Pour éviter ce scénario, faites glisser une goutte d'huile à l'endroit de la piqûre, l'épine sortira plus facilement. Et, pour agir sans douleur, commencez par anesthésier la zone concernée en y passant un glaçon.

André Chevillard, sapeur-pompier

« Si l'écharde est très enfoncée dans le doigt, ou même recouverte de peau, je prépare une petite purée de banane que j'étale sur la zone piquée, au moment du coucher. Ensuite, j'emballe bien le doigt avec du film alimentaire et au matin, je retire le tout : l'épine est revenue à fleur de peau et s'enlève très facilement. »

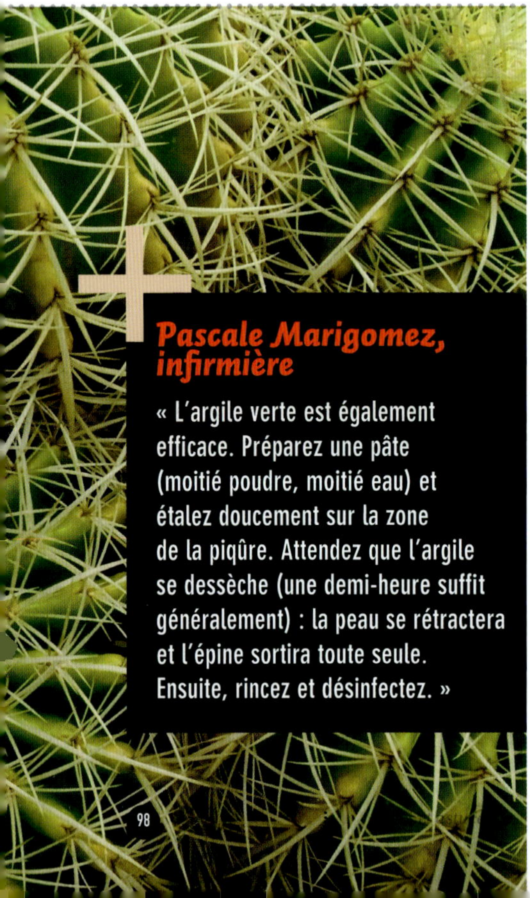

Pascale Marigomez, infirmière

« L'argile verte est également efficace. Préparez une pâte (moitié poudre, moitié eau) et étalez doucement sur la zone de la piqûre. Attendez que l'argile se dessèche (une demi-heure suffit généralement) : la peau se rétractera et l'épine sortira toute seule. Ensuite, rincez et désinfectez. »

Le monde entier est un cactus…

Si c'est un cactus qui s'est mis au milieu de votre chemin, la pince à épiler peut s'avérer dérisoire : très nombreux et trop fins, les piquants ne se laisseront pas pincer… Dans ce cas, prenez un morceau de ruban adhésif, collez-le sans forcer sur la zone épineuse et retirez-le : il devrait entraîner avec lui les épines. Dans le cas contraire, faites couler de la cire de bougie (testez d'abord sa température sur le dos de votre main…) et retirez-la lorsqu'elle est froide. Cette technique est aussi efficace pour les piquants d'oursin.

Halte aux aphtes

Les aphtes vous envahissent ? Assainissez votre bouche : ajoutez à une demi-tasse d'eau une pincée de bicarbonate de soude. Gargarisez-vous de cette préparation et rincez ensuite votre bouche à l'eau froide.

Pascale Marigomez, infirmière

« Oui, c'est efficace, mais en dépannage seulement, car utiliser cette méthode trop souvent risque de modifier le pH de votre salive. Si vous êtes sujet aux aphtes, préférez un bain de bouche spécifique et évitez les aliments qui les provoquent généralement (noix, gruyère, ananas…). »

Savoir « éteindre » une brûlure

Parole de pro

André Chevillard, sapeur-pompier, formateur en secourisme

« On parle de brûlure grave lorsque la surface de la cloque est supérieure à la moitié de la surface de la paume de la main de la victime. Ou encore si elle se situe près d'un orifice naturel (nez, bouche) ou sur une articulation. Dans ces cas-là, il faut consulter. Sinon, c'est une brûlure simple et on peut intervenir seul.
Première étape, « éteindre » la brûlure. On la passe sous l'eau froide en respectant la règle des trois 15 :
- l'eau doit être à 15 °C (c'est la température à laquelle elle sort généralement du robinet) ;
- il faut placer la brûlure à 15 cm du jet, qui ne doit pas avoir de pression (si vous utilisez une douche, retirez le pommeau) ;
- l'aspersion doit durer 5 minutes minimum (en dessous, c'est inutile) et 10 minutes maximum (au-delà, la victime risque l'hypothermie).
Ensuite, on lave, si possible au savon de Marseille, c'est le meilleur des antiseptiques, et comme il n'a pas de colorant il ne masquera pas une éventuelle complication. On laisse la brûlure à l'air libre, en n'essayant surtout pas de percer la cloque, qui est une barrière contre les microbes. Si la brûlure est trop douloureuse, on peut la soulager avec du tulle gras. Si la douleur persiste, il faudra consulter un médecin. »

Intervenir

Insecte dans l'oreille

Un insecte s'est introduit dans une oreille… et ne peut plus en sortir. Vous allez l'y aider, avec une lampe de poche ou toute autre source lumineuse. Braquez le faisceau près du pavillon, la bestiole sera attirée par la lumière et sortira tout naturellement.

Pascale Marigomez, infirmière

« C'est une bonne méthode. Mais, si vous ne parvenez pas à vos fins, n'essayez pas d'intervenir vous-même en introduisant un instrument dans le conduit auditif. Allez consulter un médecin. »

Chéri, fais-moi hips, peur !

Joignez le pouce et l'auriculaire de la main gauche et appuyez fortement… Arrosez un sucre de vinaigre, sucez-le puis avalez… Bouchez vos oreilles et buvez en même temps (là, vous n'avez pas suffisamment de mains… Vous allez avoir besoin d'aide !)… Avalez l'une après l'autre sept gouttes d'eau… Versez un peu de citron sous votre langue et fermez la bouche… Buvez un verre d'eau, mais en posant vos lèvres du côté opposé à celui qui est vers votre bouche… Qui n'a pas son astuce pour vaincre le hoquet, la vraie, celle qui marche à tous les coups ? Et si, pour une fois, tout le monde avait raison…

Dr Jean-Pierre Lecerf, médecin généraliste

« Le hoquet est une contraction involontaire du diaphragme, qui gêne l'arrivée d'air dans la trachée et les poumons. En bloquant sa respiration et en se concentrant sur autre chose, on reprend le contrôle. Toutes les astuces qui tournent autour d'une maîtrise de la respiration et d'un déplacement de l'attention peuvent donc être efficaces pour le supprimer. En fait, il s'agit de remplacer une contraction involontaire par une contraction volontaire. »

Souriez, vous êtes soigné !

Il est disgracieux, douloureux… et contagieux ! Trois bonnes raisons (au moins) de se débarrasser au plus vite de ce bouton de fièvre soudain apparu au coin des lèvres. Humectez d'eau l'extrémité d'un coton-tige, que vous tremperez dans du bicarbonate de soude. Tamponnez délicatement le bouton – l'idéal étant de procéder le soir, avant le coucher. Il disparaîtra au bout de quelques heures.

Anti-arthrose

Si vous souffrez d'arthrose, glissez quelques marrons dans vos poches et, la nuit, placez-en dans un gant de toilette que vous mettrez sous votre oreiller.

Pascale Marigomez, infirmière

« Difficile d'imaginer que, par simple contact, on puisse bénéficier des vertus anti-inflammatoires de l'aescine contenue dans les marrons. En revanche, appliquer un coussin chaud rempli de noyaux de cerises soulage efficacement les douleurs articulaires. Il suffit de prendre un morceau de tissu et de lui donner une forme adaptée à l'endroit douloureux. Par exemple, confectionnez un boudin que vous mettrez autour de votre cou si vous souffrez des cervicales ou un coussin rectangulaire pour vos lombaires. Posez ensuite vos noyaux de cerises (bien rincés puis séchés) au milieu et cousez tous les bords, sans trop serrer pour que les noyaux puissent ensuite se modeler à votre anatomie. Avant utilisation, chauffez votre coussin au micro-ondes (en général, une minute suffit).

On peut aussi utiliser des copeaux de liège*, qui présentent l'intérêt d'être imputrescibles et très légers. »

(En vente notamment dans les magasins de bricolage. Le blé, bon marché et facile à trouver au rayon aliments pour animaux, garde bien la chaleur.)*

Intervenir

En finir avec les verrues

« J'ai essayé plusieurs traitements pour me débarrasser d'une verrue. Voici celui qui a marché : coupez quelques lamelles d'ail, posez-les sur la verrue, couvrez avec un pansement et renouvelez chaque jour jusqu'à la disparition totale de la verrue. La mienne a définitivement disparu au bout d'une semaine. »

Que sonne l'hallali du cor

Soit, un cor au pied ou un durillon, ça n'a rien de grave. Mais ça peut vraiment gâcher la plus belle des promenades. Pour s'en débarrasser, il existe différentes méthodes. Réalisez un emplâtre composé d'une cuillerée à soupe de jus de citron, une cuillerée à soupe d'eau et quatre comprimés d'aspirine que vous aurez préalablement réduits en poudre. Étalez la pâte obtenue sur le cor, puis enveloppez votre pied dans une serviette chaude (passez-la à la vapeur ou au micro-ondes) pendant un quart d'heure. Ensuite, rincez et séchez votre pied. Recommencez l'opération chaque jour, jusqu'à disparition complète.
Autre technique : coupez les feuilles vertes d'un poireau en tronçons de 5 à 6 cm et faites-les macérer pendant vingt-quatre heures dans du vinaigre de vin. Le soir, appliquez une feuille sur le cor, couvrez de gaze et confectionnez un pansement qui puisse tenir toute une nuit. Renouvelez 3 ou 4 fois.

Pascale Marigomez, infirmière

« L'action combinée du vinaigre et du poireau a sans doute des vertus émollientes. On peut aussi utiliser de la chélidoine. On l'emploie habituellement pour faire disparaître les verrues, mais elle est aussi très efficace contre les cors. Il suffit de casser les tiges ; il sort une espèce de lait un peu visqueux que l'on applique directement sur le cor, et ce, plusieurs jours de suite. »

Miel bienfaiteur

Une petite coupure au bout du doigt ? Une légère brûlure ? Après rinçage à l'eau claire, étalez un tout petit peu de miel : c'est un désinfectant naturel, qui accélère la cicatrisation.

Pascale Marigomez, infirmière

« Ce n'est pas faux. D'ailleurs, en milieu hospitalier, nous utilisons certains pansements à base de miel. »

Dents bien blanches

Préparez une petite pâte avec une cuillerée de bicarbonate de soude que vous aspergez de quelques gouttes d'eau oxygénée. Mélangez et brossez-vous les dents avec ce dentifrice maison. Vos dents seront blanches et lisses.

Dr Michael Sebbag, dentiste

« C'est efficace, nous utilisons d'ailleurs ces produits en cabinet. Le bicarbonate agit par abrasion et l'eau oxygénée est un agent blanchissant. Elle traverse l'émail et le rend poreux, ce qui permet à ses propriétés oxydantes d'agir. Microscopique, cette porosité est acceptable. À plus grande échelle, elle peut être dommageable pour la dent. L'eau oxygénée doit donc être très strictement dosée (10 % maximum) et le soin ne pas être pratiqué plus d'une ou deux fois par mois. »

Soulager

Parole de pro

Parcours de santé

Pascale Marigomez, infirmière

« En cas de petits malaises quand on se balade au grand air, que ce soit en forêt, au bord de la mer ou en pleine campagne, on n'a pas forcément les bons produits dans son sac. Heureusement, les plantes que nous croisons sont pleines de vertus. Par exemple, si l'on est assailli par les moustiques en forêt, il faut se souvenir que le géranium est un excellent répulsif. Or, cette plante n'est pas rare à l'état sauvage. Il suffit donc d'en cueillir quelques fleurs et d'en frotter les parties du corps les plus exposées.

De même, en cas de petite coupure ou de petite brûlure – notamment des coups de soleil – tâchez de trouver de l'aloé véra, aux vertus hydratantes et cicatrisantes. On en rencontre dans de nombreuses régions, particulièrement dans le sud de la France. Coupez une feuille et fendez-la sur sa longueur. Recueillez son précieux jus pour l'étaler sur la zone lésée. Apaisant, il aide vraiment la peau à se reconstituer.

L'aloé véra soulage également les brûlures de méduses, mais, s'il n'y en a pas sur la plage, cherchez des griffes de sorcière (*Carpobrotus*), qui poussent facilement sur les rochers. La tige de ces plantes aux fleurs violettes, orange ou jaunes contient une sève aux mêmes propriétés que l'aloé véra. Déposez-la sur la brûlure puis rincez à l'eau de mer en frottant. »

Une tisane pour les pieds

Vous avez les pieds enflés après une bonne marche… Préparez une infusion de romarin et de tilleul et versez-la dans une bassine d'eau fraîche. Baignez-y vos pieds pendant un quart d'heure. Ainsi ce moment de soulagement sera aussi celui de la réparation.

Pascale Marigomez, infirmière

« On peut utilement ajouter 2 cuillerées à soupe de gros sel de mer, qui favorisera la détente. Ou alors préparer une bassine d'eau tiède additionnée d'une cuillère à café d'eau oxygénée. Sécher ensuite les pieds et les frictionner à l'alcool camphré ou mentholé. »

Un œuf de soulagement

Violente, la douleur d'un doigt coincé dans une porte ! Même après l'avoir laissé un long moment sous le robinet d'eau froide. On ferait n'importe quoi pour qu'elle cesse. Alors essayez cette méthode : elle semble farfelue… mais elle a ses adeptes. Prenez un œuf cru et cassez son sommet. Enfoncez votre doigt jusqu'à percer le jaune. Vous devriez y trouver du soulagement.

Calmer les brûlures d'estomac

Une simple pincée de bicarbonate de soude diluée dans un verre d'eau peut suffire à calmer une brûlure d'estomac. Mais pour plus d'efficacité ajoutez-y une cuillerée à soupe de miel et un tout petit peu de cannelle en poudre.

Pascale Marigomez, infirmière

« Il s'agit en effet d'un bon mélange : le bicarbonate est un anti-acide; la cannelle a une action anti-inflammatoire; quant au miel, il adoucit. »

Soulager

Dard dard…

L'une et l'autre ont la piqûre douloureuse et pourtant leur logique de guerre diffère. L'estocade de l'abeille lui sera fatale et, juste avant de mourir, elle vous laissera son dard crochu, qu'il faudra retirer (avec les ongles), tandis que la guêpe repartira avec son arme. Vous ne serez donc pas sa dernière victime… mais vous n'êtes peut-être pas non plus la première. Ne sachant dans quel nid de microbes elle a déjà plongé son dard, vous devez désinfecter soigneusement la zone piquée.

André Chevillard, sapeur-pompier

« Pour calmer la douleur, prenez un oignon cru, coupez-le en deux et frottez. Vous pouvez aussi approcher – sans toucher – une source de chaleur, comme un sèche-cheveux (ça marche aussi avec une braise de cigarette, mais attention, on peut facilement brûler la peau…). Au cas où une piqûre surviendrait dans la bouche, pour éviter l'étouffement, je conseille d'avoir toujours dans sa trousse de premiers secours un stylo Bic (ceux en plastique transparent et côtelés) dont on a retiré la cartouche d'encre. Il faut alors maintenir la tête de la victime en arrière et glisser doucement le tube évidé jusqu'au fond de sa bouche, ce qui lui permet de respirer en attendant les secours… »

Petits pois aux petits soins

Si vous souffrez d'œdème du bras (lymphœdème), en complément de traitements médicaux, sacrifiez un paquet de petits pois surgelés. Enveloppez-le dans une serviette et posez votre bras dessus. Les petits pois épousent la forme du membre, le refroidissent, soulagent la douleur et le bras dégonfle.

Pascale Marigomez, infirmière

« C'est une très bonne idée. Le froid a une action bénéfique sur ce type de douleur. Le même procédé peut être utilisé pour une entorse. Mais n'oubliez pas d'isoler le sac congelé avec un linge, son contact direct avec la peau pourrait provoquer une brûlure. »

Clou antidouleur

Pour soulager une rage de dents, utilisez un clou de girofle en le posant directement là où ça fait mal. Mais vous en tirerez encore davantage de bienfaits si vous vous procurez de son huile essentielle : versez quelques gouttes sur un coton et tamponnez la dent douloureuse.

Dr Sebbag, dentiste

« Le clou de girofle est un sédatif car il contient de l'eugénol, aux propriétés analgésiques et antiseptiques. Il est donc efficace… en attendant les vrais soins. Il ne dispense évidemment pas d'aller consulter un professionnel. »

Faire tomber la fièvre

Ne couvrez surtout pas un enfant qui a de la fièvre : il faut au contraire que sa température baisse. Au besoin, baignez-le dans un bain chaud que vous tiédirez progressivement jusqu'à atteindre 37°C.

SOS migraine

Soulager le mal de tête, c'est une des nombreuses vertus de la lavande. En cas de migraine, frottez vos tempes et votre nuque avec quelques fleurs écrasées du bout des doigts ou avec son huile essentielle.

Pascale Marigomez, infirmière

« Vous pouvez également préparer une décoction : plongez des fleurs de lavande dans une casserole d'eau que vous porterez à ébullition et laisserez frémir dix minutes, puis refroidir. Filtrez. Humectez deux carrés de gaze avec cette décoction et appliquez ces compresses sur les globes oculaires. »

Soulager

Dérouter le rhume

Bouz'ède enrhubé ? Faites une inhalation avec une infusion de thym très concentrée. Versez la dans un bol, couvrez-vous la tête d'une serviette, puis respirez profondément au-dessus de la vapeur. Si votre gorge est prise, versez un trait de jus de citron dans un verre d'eau chaude, sucrez d'une cuillerée de miel. À boire lentement.

Une arme de douceur

Ça vous chatouille ou ça vous gratouille ? Il suffit parfois d'un rien, un vêtement trop serré, un changement d'hygrométrie… et votre peau vous tiraille. Contre les démangeaisons, préparez une arme de douceur. Coupez à mi-mollet un vieux collant propre pour obtenir un petit sac que vous remplirez de flocons d'avoine. Refermez le sac en le nouant et plongez-le dans l'eau de votre baignoire. Prenez ensuite un long bain, en passant doucement le sachet sur votre peau irritée.

Pascale Marigomez, infirmière

« C'est une bonne idée : l'avoine a des vertus adoucissantes. »

Coup de soleil… au thé

Pour calmer votre coup de soleil, préparez du thé en sachet. Buvez-le si vous voulez, mais, surtout, conservez précieusement l'infusette et appliquez-la, encore humide mais pas brûlante, sur la zone enflammée.

Pascale Marigomez, infirmière

« C'est vrai, le thé a une action anti-inflammatoire. On peut poser les sachets aussi bien sur les yeux que sur la peau. »

Finis les points de côté

N'attendez pas que passe votre point de côté. Penchez le buste en avant, le plus bas possible, comme si vous vouliez toucher vos pieds, et soufflez pour vider l'air du ventre, en maintenant la position pendant quelques secondes.

Pascale Marigomez, infirmière

« L'important est d'expirer profondément. Il faut aussi boire de l'eau et se reposer. »

Contre les piqûres ... d'ortie

Une ortie vous a attaqué ? Déracinez-la ! Protégez-vous avec des gants, ou un simple chiffon, et écrasez sa racine pour en extraire du jus que vous étalerez sur la brûlure. Alors, soulagé ?

Pascale Marigomez, infirmière

« Le vinaigre est également très efficace pour calmer toutes sortes de piqûres. On tamponne avec un coton vinaigré ou on l'étale tout simplement avec le doigt. Mais c'est aussi un répulsif contre les moustiques et on peut en enduire les zones exposées. »

... d'insectes

Écrasez quelques feuilles de persil et posez-les sur la piqûre.

Soulager

Allô ! C'est l'heure du médicament

Quand on doit prendre un traitement à heures fixes, le risque d'oubli est élevé, surtout si l'on vit seul. Procurez-vous un ancien téléphone portable et programmez-le (ou faites-le programmer…) pour qu'il sonne aux heures convenues.

Le monde du silence

Un avion à réaction, un marteau-piqueur, un changement d'altitude… Mais que faire quand il est inutile de se boucher les oreilles… ? Bouchez-vous le nez, fermez la bouche et essayez d'expulser l'air comme si vous plongiez en apnée.

André Chevillard, sapeur-pompier

« C'est un bon truc : ainsi vous allez modifier la pression interne pour la faire correspondre à l'externe, en jouant sur la trompe d'Eustache, qui comprimera les tympans. Résultat : vous équilibrerez les pressions et ferez disparaître la sensation désagréable. »

Toute la douceur du sucre

Trop appétissante, cette soupe fumante ! Vous en avez oublié les recommandations de votre grand-mère qui vous répétait de souffler d'abord sur la cuillère… et vous vous êtes brûlé. Et, vous le savez bien, les verres d'eau n'y pourront rien changer. Essayez plutôt de déposer une cuillerée de sucre en poudre sur votre langue. Refermez la bouche et laissez fondre…

Secourir

Bien sûr, son premier conseil, c'est de participer à une session de secourisme (1). Une évidence quand on a passé sa vie à sauver celle des autres… Mais André Chevillard, sapeur-pompier à la retraite devenu formateur, sait qu'il suffit parfois d'un rien pour qu'une victime soit sauvée. Il nous transmet quelques préceptes de base, à l'enjeu vital.

Accident vasculaire cérébral

« Savoir reconnaître les signes d'AIT (accident ischémique transitoire), c'est très facile et… ça peut sauver une vie ! En effet, l'AIT annonce l'AVC (accident vasculaire cérébral), qui peut être fatal. Si vous constatez chez une personne une légère déformation de la lèvre, un clignement de la paupière ou une élocution soudain plus lente, vous devez être en alerte. Vous saurez de manière certaine si elle fait un AIT en lui demandant trois choses simples :

- faire un sourire ;
- lever les deux bras ;
- répéter une phrase courante comportant plusieurs éléments (par exemple : ce matin, j'ai déjeuné à huit heures en mangeant trois tartines).

Si son sourire est déformé, ou si ses deux bras ne sont pas alignés, ou si elle ne restitue pas les éléments dans l'ordre donné (un seul de ces trois signes suffit), la personne est victime d'un AIT et vous devez l'emmener aux urgences. Sachez qu'en cas d'AIT, on a quelques heures devant soi : on peut donc se rendre à l'hôpital. En cas d'AVC, l'urgence est extrême et c'est l'hôpital qui doit venir à soi. Autrement dit, il faut appeler le Samu. »

(1) La caserne de pompiers de votre commune ou la Croix-Rouge, notamment, pourront vous informer sur les formations mises en place dans votre région.

Parole de pro

Infarctus

« La victime est consciente, elle présente une douleur thoracique, douleur au côté et au bras gauches, sensation de fourmillement, puis douleur aux points d'insertion des maxillaires… ce sont les signes d'un infarctus. En attendant les secours, n'allongez surtout pas la victime. Placez-la en position demi-assise (dos droit adossé, par exemple, à un mur, jambes repliées, le corps forme un L). Si vous la couchiez, son cœur recevrait brutalement un gros apport de sang pouvant lui être fatal. »

Hémorragie

« Si une personne a une hémorragie artérielle, en attendant les secours (à appeler immédiatement), appuyez sur l'endroit qui saigne en effectuant une compression locale avec une main protégée par un gant en plastique. Allongez la victime et, surtout, relevez-lui les jambes… et maintenez-les relevées. Sur les 5 à 7 litres de sang circulant dans le corps, les jambes en contiennent 2. Il est impératif d'utiliser ce sang pour continuer d'irriguer le cœur et le cerveau… évidemment prioritaires par rapport aux membres… Par ailleurs, si un corps étranger est enfoncé dans sa plaie (lame, par exemple), ne tentez pas de le retirer, elle se viderait de son sang encore plus rapidement. »

Nettoyer

Douceur à toute vapeur

Teint brouillé, points noirs… offrez-vous un nettoyage de peau maison. Enduisez votre visage d'une ou deux cuillerées de miel, que vous garderez une dizaine de minutes. Puis faites bouillir de l'eau, additionnée d'un jus de citron. Versez-la dans un bol et, pendant quelques minutes, penchez votre visage sur le bol, la tête couverte d'une serviette. Rincez abondamment à l'eau tiède et appliquez un soin nourrissant.

Peau neuve

Mélangez une cuillerée de sucre en poudre et une cuillerée de lait démaquillant. Frottez-en votre visage avec les doigts. Rincez à l'eau tiède. Ou prenez une poignée de marc de café que vous aurez bien laissé sécher. Frottez sur la peau mouillée du visage ou du corps (sous la douche, c'est plus pratique), puis rincez.

Laura Ozier, chef maquilleuse

« Le sucre, abrasif, peut agresser la peau. Le marc de café a des grains plus doux, donc mieux adaptés. On peut aussi, pour gommer avec douceur, appliquer des flocons d'avoine sur peau mouillée, sur le visage et/ou le corps. Sous la douche, par exemple, prendre une toute petite quantité dans le creux de ses mains et frotter en insistant sur les parties rugueuses. »

Opération mains propres

Voici trois recettes pour des mains toutes propres, toutes douces et prêtes à recevoir une crème nourrissante.

- Saupoudrez vos mains mouillées d'un peu de bicarbonate de soude. Frottez puis rincez.
- Mettez dans votre paume une noisette de votre soin des mains habituel et incorporez une pincée de sucre en poudre. Touillez avec le doigt, appliquez sur vos deux mains, massez pendant quelques minutes et rincez à l'eau tiède.
- Même procédé, mais avec un mélange d'huile d'olive, de jus de citron et de sel.

Jusqu'à la dernière goutte

Ne jetez pas l'écorce du demi-citron que vous venez d'utiliser. Plongez-y le bout de vos cinq doigts et tournez votre main plusieurs fois de suite. Vos ongles seront renforcés, blanchis et les cuticules attendris.

Panne de démaquillant

Vous avez oublié votre démaquillant en voyage ? Nettoyez tout de même votre peau... Déposez une noisette de votre crème de jour sur un coton et passez-le sur votre visage. Efficace !

Une beauté de rose

Elle nettoie, purifie, apaise... Pour préparer votre eau de rose, faites bouillir un quart de litre d'eau, éteignez. Ajoutez 125 g de pétales de roses, laissez infuser une dizaine de minutes en recouvrant la casserole. Filtrez et versez dans une bouteille qui ferme bien. À conserver au réfrigérateur (une semaine maximum).

Au nom du naturel...

Parole de pro

Dr Anny Cohen-Letessier, dermatologue

« Oui aux gestes simples, comme se nettoyer le visage à la vapeur ou, pour un homme, passer une serviette chaude et humide sur le visage avant de se raser. Oui aussi aux produits naturels, comme le miel, à la fois adoucissant et cicatrisant, la pierre d'alun, le savon d'Alep ou l'eau de rose. Mais attention, qui dit naturel ne dit pas forcément inoffensif. Beaucoup de plantes sont allergisantes. Inversement, il ne faut pas, au nom du naturel, avoir peur de tout ce qui est chimique. Les conservateurs, si souvent décriés, ont un rôle positif. Faire ses produits soi-même, c'est apporter des microbes. On doit donc les préparer en très petites quantités et les utiliser le plus rapidement possible. »

Se maquiller

Produits extra-frais !

La mine grasse d'un crayon, c'est parfait pour faire les yeux doux… Mais, quand on veut la tailler, elle colle et encrasse la lame… sauf si on a pris la précaution de rafraîchir le crayon d'abord quelques heures au réfrigérateur.

+ Laura Ozier, chef maquilleuse

« Exact ! D'ailleurs, d'une manière générale, les produits de beauté se gardent mieux au frais. Évitez les salles de bains surchauffées et en été, quand la température est élevée, n'hésitez pas à stocker vos produits au réfrigérateur. »

Petits secrets de stars

Laura Ozier, chef maquilleuse pour le cinéma

Parole de pro

Son accessoire : le recourbe-cils

« Avec le recourbe-cils, vous pincez les cils juste avant de poser votre mascara : il sera plus facile à appliquer et fera plus d'effet. Avec votre brosse, vous chargez au niveau de la racine, puis vous donnez un mouvement de zigzag entre les cils et vous étirez sur les pointes. En été, quand il fait chaud et que le maquillage coule, on peut s'offrir une teinture de cils (20 € environ pour une tenue d'un mois). Le matin, vous utilisez votre recourbe-cils et vous passez un peu de mascara transparent. »

Son geste : brosser les sourcils

« Pour éveiller le regard et donner une impression de netteté, utilisez une vieille brosse à dents que vous vaporisez légèrement de laque. Sur les deux tiers de l'arcade, vous brossez vers le haut et, arrivé à l'extrémité, vous brossez vers les tempes. Un geste à adopter par les femmes… mais aussi par les hommes. »

Son produit : le stylo illuminateur de teint

« On le pose par toutes petites touches sur les défauts que l'on veut gommer (cernes, rougeurs, boutons, ridules au-dessus des lèvres…) ou au contraire sur les endroits que l'on veut mettre en valeur (pommettes…), puis on tapote ou on estompe avec le doigt.

Mascara longue durée

Pour prolonger la vie de votre mascara devenu sec, plongez votre tube quelques minutes dans de l'eau presque bouillante. Ou alors versez quelques gouttes d'eau de bleuet (ou d'huile d'amande douce) dans le tube, secouez bien et… appliquez.

Laura Ozier, chef maquilleuse

« Ce sont de bonnes idées. Et, lorsque le tube est complètement fini, nettoyez sa brosse : vous pourrez l'utiliser, à sec, pour bien séparer vos cils une fois qu'ils sont maquillés. »

Teint naturel

Mélangez une noisette de votre crème hydradante à votre fond de teint : il ne vous asséchera pas la peau et le résultat sera plus léger.

Laura Ozier, chef maquilleuse

« Absolument. Dans le même ordre d'idées, la poudre a tendance à faire ressortir les ridules. Pour l'éviter, une fois que vous vous êtes poudrée, donnez à votre visage un tout petit coup de brumisateur d'eau minérale – à peine un nuage. Puis épongez, en tapotant délicatement. Le rendu sera beaucoup plus naturel. »

Jusqu'au bout des ongles

Avant de laquer vos ongles, nettoyez-les avec un coton imbibé de vinaigre blanc ou de jus de citron. Vous retirerez toute trace de graisse, le vernis « accrochera » mieux et durera plus longtemps. Et toujours, pour renforcer sa tenue, une fois posé et avant qu'il ne soit sec, passez vos mains sous l'eau froide, du poignet vers le bout des doigts.

Se maquiller

Les trucs de beauté d'Audrey Hepburn

1. Pour avoir des lèvres attirantes, prononcez des paroles de bonté.
2. Pour avoir de beaux yeux, regardez ce que les gens ont de beau en eux.
3. Pour rester mince, partagez vos repas avec ceux qui ont faim.
4. Pour avoir de beaux cheveux, faites qu'un enfant y passe sa main chaque jour.

Début d'un poème qu'aimait réciter Audrey Hepburn et qu'on lui a attribué à tort. Il a en réalité été écrit par l'auteur américain Sam Levenson.

Parole de pro

Trois notes… pour une gamme infinie

Ange Zola, professeur à l'ISIPCA (Institut supérieur de parfumerie)

« On le porte à l'endroit où ça palpite (derrière l'oreille, dans le cou, aux poignets…) – « Partout où on a envie d'être embrassé, disait Coco Chanel » – et dans les cheveux.

Savoir le choisir…

Avant de se décider, il faut savoir qu'un parfum est constitué de trois notes : les notes de tête, perçues en premier mais pendant quelques minutes seulement ; les notes de cœur, qui font sa qualité et restent davantage. Puis les notes de fond, qui perdureront mais ne sont perceptibles qu'au bout de quelques heures. Pour estimer un parfum, il faut donc le porter un certain temps. Et le porter sur soi, puisque la réaction qu'il aura avec votre peau est unique.

Si vous entrez dans une parfumerie, ce sera pour demander des échantillons que vous essayerez chez vous… pas pour y choisir votre parfum. D'autant moins que ce magasin est déjà imprégné d'une multitude de senteurs. Et qu'après avoir senti deux odeurs différentes, le nez devient incapable d'en identifier une troisième !

… et le préserver

Bien emballé dans sa boîte en carton couverte de Cellophane, un parfum peut se conserver très longtemps, comme un bon vin. Une fois ouvert, gardez-le dans un endroit frais, à l'abri de la lumière et de la chaleur. Oubliez les tablettes de salle de bains, où spots et radiateurs ne sont jamais loin. Protégez-le de l'air : sous son action, il s'oxyde et change d'odeur. Préférez les flacons à petite contenance, il n'aura pas le temps de se dégrader. Gardez-le dans un placard, ou dans sa boîte. Ainsi, ses vertus resteront intactes pendant plusieurs mois. »

Soigner ses cheveux

Tout lisses

Ce qu'il faut appliquer sur cheveux secs, avant votre shampoing :
- pour les rendre lisses : de l'huile d'amande douce posée 30 minutes ;
- pour les nourrir : mélangez un jaune d'œuf, une cuillerée à soupe d'huile d'olive et le jus d'un demi-citron. Laissez poser 20 minutes.

Caroline Rubio, coiffeuse

« C'est un mélange vraiment nourrissant qui apporte de la douceur aux cheveux secs. Mais, comme la préparation est un peu liquide, je conseille de l'appliquer au pinceau, sur toute la longueur, sans négliger les pointes. »

Parole de pro

Caroline Rubio, coiffeuse

« Le premier soin des cheveux, c'est… la brosse. Il faut la choisir en poils de sanglier : naturels et antistatiques, ils respectent vraiment les cheveux, même les plus fragiles. Et la veille du shampoing, qui se fait de préférence le matin, brossez bien vos cheveux dans tous les sens avant d'aller vous coucher. »

Chaleur active

Avec la chaleur, votre soin – qu'il soit fait maison ou acheté dans le commerce – sera encore plus performant. Appliquez-le normalement et, durant le temps de pause, emballez vos cheveux dans du papier d'aluminium (ou dans du film étirable). Ensuite, passez une serviette-éponge au micro-ondes et nouez-la toute chaude sur votre tête.

Caroline Rubio, coiffeuse

« Exact, mais, à l'inverse, la chaleur directe du séchoir abîme les cheveux. Avant de faire votre brushing, laissez-les d'abord sécher à l'air libre jusqu'à ce qu'ils soient à peine humides. Vous réduirez le temps d'action du sèche-cheveux. »

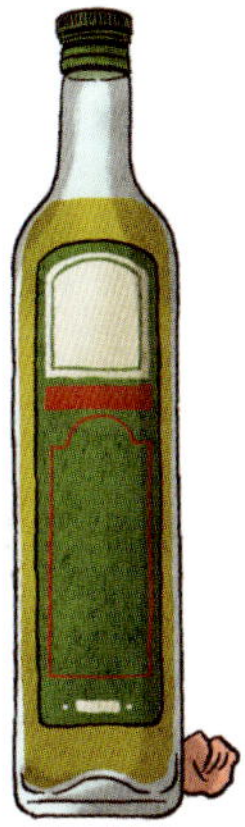

Effacer la gomme

Apercevant un chewing-gum collé dans les cheveux, vous saisissez une paire de ciseaux... Stop ! Essayez plutôt d'isoler la mèche et de l'enduire d'huile d'olive. Attendez environ une demi-heure et faites glisser doucement la gomme vers les pointes. Elle devrait se décoller toute seule.

En douceur et profondeur

Trop de laque ou trop de pollution ? Si vos cheveux sont vraiment sales, massez-les quelques minutes avec une cuillerée de bicarbonate de soude. Puis faites votre shampooing comme à l'accoutumée.

Caroline Rubio, coiffeuse

« C'est une bonne astuce : le bicarbonate va les nettoyer en profondeur, sans les abîmer. »

Shampoing sec

Privé d'eau ? Pensez au shampooing sec. En voici une recette toute simple : saupoudrez un peu d'argile verte sur la chevelure, répartissez de la racine vers les pointes, frictionnez en douceur avec une serviette, puis brossez bien.

Index

A

B

C

D

E

Index

Index

R

S

Crédits iconographiques

Toutes les illustrations, y compris de couverture, sont de Nancy Peña.

© Couverture / Agence Shutterstock.com : loflo69 (roses) ; FLariviere (savon) ; Iwona Grodzka (roue) ; Computer Earth (voiture) ; HLPhoto (vernis) ; vovan (vis) ; Samokhin (tomates) ; Ariene (pulvérisateur) ; Hellen Sergeyeva (sécateur)

© Poster / Agence Shutterstock.com : ppart (frigo) ; Valentyn Volkov (verre de vin)

Toutes les photos de l'intérieur proviennent de l'agence Shutterstock.com : p.3 : Skyline ; p.4 : Yuri Arcurs ; p.5 : Yuri Arcurs ; p.6-7 : Sandra Gligorijevic ; p.8 : Tobik ; Milos Luzanin ; p.11 : Yuri Arcurs ; p.12 : Denis Vrublevski ; p.13 : geniuscook_com ; p.14 : Valentyn Volkov ; p.15 : ifong ; p.17 : imagestalk ; p.19 : Alex Staroseltsev ; p.20 : Smit ; p.23 : Indigo Fish ; p.25 : Tobik ; Drozdowski ; Jaimie Duplass ; p.26 : Drozdowski ; HLPhoto ; p.27 : Africa Studio ; p.28 : Anna Sedneva ; p.29 : Artur Synenko ; Viktor1 ; p.32 : Picsfive ; p.34-35 : Yuri Arcurs ; p.40 : Baloncici ; p.41 : Monkey Business Images ; p.43 : VAGABOND ; p.44 : mg1408 ; p.52 : wanchai ; p.53 : Torsten Lorenz ; p.54 : Konjushenko Vladimir ; vvoe ; p.55 : Sergey Lavrentev ; p.56 : Tim Sulov ; p.57 : (berni) ; p.58 : FotoYakov ; p.61 : Adisa ; p.62 : zimmytws ; Mikhail Abramov ; p.63 : Evgeny Tomeev ; p.64 : Meelis Endla ; p.65 : siamionau pavel ; p.67 : sakhorn ; p.72-73 : Alena Brozova ; p.75 : Drozdowski ; p.78 : Diana Taliun ; Nic Neish ; p.79 : D Barton ; p.81 : Diana Taliun ; p.84 : Dhoxax ; p.87 : Markus Gann ; p.89 : haraldmuc ; p.90-91 : Yuri Arcurs ; p.92 : FLariviere ; p.94 : thieury ; p.96 : Yuri Arcurs ; p.98 : Ludmila Peker ; p.99 : Piotr Marcinski ; p.102 : JIANG HONGYAN ; p.103 : stefanolunardi ; p.106 : Peter Waters ; p.108 : Teresa Kasprzycka ; p.109 : Selyutina Olga ; Ilya Andriyanov ; p.110 : Yuri Arcurs ; drfelice ; p.113 : skywing ; p.114 : Monkey Business Images ; p.117 : Aleksandr Petrunovskyi ; p.119 : Nanka (Kucherenko Olena) ; p.120 : geniuscook_com ; p.122 : Meelis Endla ; p.125 : Diana Taliun

À l'exception de p.116 : ©Rue des Archives/ BCA

Conception graphique : Studio Bayard Éditions